# Immobilien kaufen, vermieten und Geld verdienen

5 goldene Schritte zu passivem Einkommen aus Wohnimmobilien. Erfolgreich investieren, Vermögen aufbauen und die finanzielle Freiheit erreichen

Bernd Ebersbach

## Achtung, Gratis-Bonusheft!

Mit dem Kauf dieses Buches haben Sie ein kostenloses Bonusheft erworben. Dieses steht für eine begrenzte Zeit zum Download zur Verfügung.

Bei diesem Bonusheft handelt es sich um den **Immobilien Schnellreport.**

In diesem Heft erhalten Sie einen Kurzüberblick, in welchen 10 deutschen Städten sich im Moment ein Immobilienkauf besonders lohnen kann.

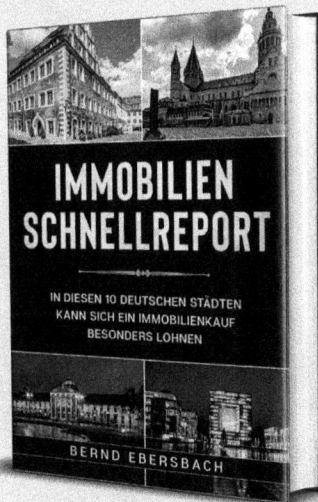

Alle Informationen, wie Sie sich schnell das Gratis-Bonusheft sichern können, **finden Sie am Ende dieses Buches.**

# Inhaltsverzeichnis

# Vorwort

Während mein erstes Buch „Intelligent investieren in Immobilien" die Grundlagen beinhaltete und zu einem maßgeblichen Teil der Aufklärung über Kapitalanlagen und Investments diente, ist dieses Buch eine Schritt-für-Schritt-Anleitung für alle Leser, die selbst Immobilien vermieten möchten oder sich für dieses Thema interessieren. Es greift die Grundlagen aus dem ersten Werk auf und wiederholt diese an erforderlichen Stellen zur Vertiefung, aber führt die Erkenntnisse allem voran weiter aus. Es handelt sich gewissermaßen um ein Handbuch, welches Vermieter bei sich tragen können, um ...

◆ ... Immobilien richtig auszuwählen, korrekt einzuschätzen und das Kapital mit besten Aussichten auf Rendite anzulegen.

◆ ... die Besichtigung von Immobilien aufmerksam durchzuführen.

◆ ... den eigenen Finanzierungsbedarf zu ermitteln.

◆ ... die Schritte von der Anfrage bei der Bank bis zur Besiegelung des Kaufs beim Notar zu meistern.

◆ ... die persönliche Verwaltung oder eine Verwaltung durch externe Dienstleister zu organisieren.

◆ ... das Gebäude und sich selbst umfassend und mit gutem Preis-/Leistungsverhältnis zu versichern.

◆ ... die Zusammenarbeit mit Maklern erfolgreich zu gestalten.

- ◆ ... schnell Mietinteressenten zu finden und aus den Bewerbern zahlungskräftige Mieter zu wählen.

- ◆ ... die Mieteinnahmen gemäß der gesetzlichen Auflagen zu steigern.

- ◆ ... Steuererklärungen selbst korrekt auszufüllen und Kosten für den Steuerberater zu sparen.

- ◆ ... bei Sonderimmobilien wie denkmalgeschützten Immobilien die steuerlichen Vorteile auszunutzen.

- ◆ ... Formen der Sondervermietung auf eine Umsetzbarkeit zu überprüfen und richtig in die Tat umzusetzen.

In dieser Form ist das Buch Schritt für Schritt aufgebaut. Es erhebt den Anspruch, den Lesern eine hochwertige und umfassende Informationsquelle zu sein. Nichtsdestotrotz ist das Gebiet der Immobilien ein derart umfangreiches, dass dieses Buch nicht alle Fragen beantworten und nicht für sämtliche Herausforderungen der Zukunft rüsten kann. Allerdings erhalten Leser in Form dieses Werks eine Anleitung mit einer hohen Informationsdichte, die sogar erfahrenen Personen an der ein oder anderen Stelle eine Hilfe sein wird. Konkrete Beispielrechnungen mit realen Zahlen, Gesetzesparagrafen für eine lückenlose Nachvollziehbarkeit und die strukturierte Vorgehensweise werden jedem Leser eine zentrale Stütze dabei sein, die eigenen Vorhaben akkurat in die Tat umzusetzen.

Das erste Kapitel setzt bei der Auswahl und Bewertung von Immobilien an. Diesbezüglich hatte bereits das erste Buch der Reihe über die Bedeutung der Lage (Mikro, Meso, Makro) sowie der standortbezogenen Entwicklungen aufgeklärt. In diesem Werk wird auf die Rechenarbeit mit Mietspiegeln und die Rolle der Bodenrichtwerte verstärkt eingegangen. Darüber hinaus werden Hinweise zur Besichtigung der Immobilie vor Ort gegeben, was zentrale Aspekte wie die Baualtersklasse, den Energieausweis sowie die Mängelerfassung umfasst.

Im zweiten Kapitel folgt die Finanzierungsplanung, die in die bereits aus dem ersten Buch bekannten Kosten eines Immobilienkaufs einweist, diese aber um unbekannte Posten erweitert, um eine vollständige Kalkulation sämtlicher Kosten zu ermöglichen. Auf die Berechnung der Kosten folgen konkrete Anleitungen zur Errechnung der finanziellen Belastbarkeit sowie der finanziellen Absicherung eines Antragstellers. Um einer individuellen Finanzierungsplanung mit dem Bankinstitut Perspektiven zu verschaffen, wird auf das im ersten Buch rudimentär erwähnte Disagio und dessen Eignung bei Finanzierungen zur Vermietung eingegangen.

Im dritten Kapitel steht die Vorbereitung der Immobilie zur Vermietung im Vordergrund. Dies geschieht durch eine Auswahl an Versicherungen und die Entscheidung für eine Verwaltung. Sollte eine Wohnung in Wohnungseigentümergemeinschaften gekauft worden sein, sind diese Aspekte meistens bereits abgedeckt. Wie in Wohnungseigentümergemeinschaften als Vermieter vorzugehen ist, ist ein verstärktes Thema des Kapitels, welches im ersten Werk der Reihe aufgrund der inhaltlichen Tiefe kaum thematisiert wurde. Hier erhalten Leser Einblicke in die Strukturen und Arbeitsweisen der Wohnungseigentümergemeinschaft.

Das Folgekapitel setzt sich zum Ziel, die Mietersuche so einfach wie möglich zu gestalten. Dabei wird einerseits auf die Zusammenarbeit mit Maklern, andererseits auf eine eigenständige Mietersuche eingegangen. Um die Zusammenarbeit mit Maklern erfolgreich zu gestalten, werden Tipps zu Vertragsklauseln gegeben. Bezüglich einer Mietersuche auf eigene Faust gibt es Ratschläge mit Beispielen zur Verfassung aussagekräftiger Exposees. Informationen zur Mieterselbstauskunft und zum Mietvertrag sowie Checklisten zu wichtigen Aspekten beider Dokumente runden die Informationen in Kapitel vier ab. Dabei wird auf die Pflichten des Vermieters hingewiesen. Hier lernen Vermieter potenzielle Fallstricke sowie deren Vermeidung kennen.

Das fünfte Kapitel führt in die Instrumente zur Mietsteigerung ein und liefert Ausführungen, wie eine Steuererklärung des Vermieters auszufüllen ist. Mithilfe dieser praxisorientierten Informationen werden die Weichen für die Zukunft gestellt, die maßgeblich aus diesen beiden Punkten besteht: Mietsteigerungen zur Gewinnmaximierung und Steuererklärungen für den Konsens mit dem Finanzamt.

Im letzten Kapitel – gewissermaßen einem Bonuskapitel – wird über denkmalgeschützte Immobilien aufgeklärt und auf Sonderformen der Vermietung aufmerksam gemacht. Denkmalgeschützte Immobilien sind bereits aus historischer, architektonischer und/oder kultureller Sicht eine Besonderheit. Sie bieten Steuervorteile und zeitgleich die Aussicht auf mehrere Förderungen – exakt an dieser Stelle wird es für Vermieter interessant! Wer offen für Neues ist, wird zudem in Formen der Sondervermietung eventuell eine Anlagestrategie entdecken. Diesbezüglich stellt das letzte Kapitel Messen- und Ferienunterkünfte, Sonnendächer und Drehorte als Vermietungsmodelle vor.

Der Großteil des Buches ist auf Anleger ausgelegt, die eine Immobilie mit Finanzierung erwerben und ihr Kapital in eine Wohnung anlegen. Allerdings weicht die Vorgehensweise bei Anlegern ohne Finanzierung und nur mit Eigenkapital lediglich geringfügig ab, sodass sich dieses Buch für diese Personengruppe ebenfalls als geeignet erweist. Des Weiteren ist die Vermietung von Wohnungen aufgrund der Zusammenarbeit mit anderen Vermietern in Wohnungseigentümergemeinschaften wesentlich komplexer. Aus diesem Grund werden Personen, die dieses Buch lesen, noch viel besser in der Lage sein, Häuser zu vermieten. Die Zielgruppe für dieses Buch ist somit breit gestreut.

An dieser Stelle sei der Vollständigkeit halber auf den Bonus hingewiesen, der dieser Buchreihe angehört. Dieser stellt zehn Geheimtipps für Kapitalanlagen vor: Städte und Stadtteile, die eine für Kapitalanleger vielversprechende Entwicklung vorweisen und hohe Renditeaussichten bieten, werden darin vorgestellt, sodass

Leser mit Ambitionen für direkte Investitionen einige konkrete Anlaufstellen erhalten.

Praxisbezug, Struktur und hohe Informationsdichte bieten die besten Voraussetzungen: Viel Erfolg beim Lesen und Umsetzen der Tipps aus diesem Buch!

# 1. Schritt:
# Immobilienauswahl und -bewertung

Dieses Kapitel führt Sie Schritt für Schritt von der Auswahl der Immobilie bis zu deren Bewertung. Der Ablauf beginnt bei der Eingrenzung der großen Auswahl an Immobilien in Deutschland auf einzelne Städte. Ziel ist es, Städte zu finden, die ihr Wachstumspotenzial bei den Kaufpreisen und Mietspiegeln für Immobilien noch nicht ausgereizt haben, sondern bei denen statistisch gesehen das Wachstum erst am Anfang steht. Nach der Eingrenzung der Auswahl werden in diesen Städten einzelne Stadtteile betrachtet; Stadtteile, die hinsichtlich der Lagekriterien positiv hervorstechen und zugleich eine positive Entwicklung unter politischen, gesellschaftlichen und weiteren Gesichtspunkten verzeichnen. Die Immobilien in den für Kapitalanleger aussichtsreichen Stadtteilen werden schließlich ausgesucht und einer Bewertung unterzogen, wobei deren Kaufpreis und der mögliche Ertrag betrachtet werden. Zuletzt weist dieses Kapitel mit Ratschlägen rund um die Themen Grundriss, Baualtersklasse, Energiesparen und Baumängelerfassung in die Besichtigung von Immobilien ein.

# Stadt auswählen:
# Kaufpreisentwicklungen und Mietspiegel

Zu den relevanten Statistiken zählen die Entwicklungen der Kaufpreise und Mietspiegel. Es ist dabei zwischen den einzelnen Arten von Gebäuden zu differenzieren. Bei einer Suche nach den Immobilienpreisen in Hamburg werden Ergebnisse zu Häusern, Wohnungen und weiteren Gebäuden erscheinen. Zudem ist bei Häusern in Reihen-, Einfamilien- und Doppelhäuser sowie weitere Arten zu differenzieren. Wohnungen wiederum können in Neubau- oder Bestandswohnungen unterschieden werden. All dies wirkt sich auf die Einschätzung der Rentabilität des jeweiligen Investments aus. Dementsprechend sind Statistiken mit Mietspiegeln und Preisentwicklungen im Internet mit Vorsicht zu genießen und differenziert zu betrachten: Im Idealfall dienen sie einzig und allein der groben Prüfung, in welcher Stadt und in welchem Stadtteil in Deutschland investiert werden soll. Um genaue Rückschlüsse auf den Wert einer Immobilie zu ziehen, eignen sich diese Werte jedoch nicht.

Hat ein Kapitalanleger keine Vorstellung davon, in welchem Teil Deutschlands er nach einer Immobilie suchen soll, kann er die Preis- und Mietentwicklung in einzelnen Städten näher betrachten. Dabei gilt: Die Städte, die die geringsten Preise verzeichnen, aber gerade einen Anstieg in der Preis- und Mietentwicklung verbuchen, sind für Kapitalanleger die bessere Anlaufstelle. Ein Beispiel veranschaulicht diesen Sachverhalt:

*Ein Kapitalanleger sucht nach geeigneten Standorten für eine Kapitalanlage in Immobilien. Er ist ganz Deutschland gegenüber offen und bringt inklusive Finanzierung ein Eigenkapital von 160.000 € für den Immobilienkauf ein. Dies bedeutet, dass er eine preiswerte Immobilie benötigt, die sich im Hinblick auf Mieterträge rentiert. Einer positiven Entwicklung nach oben ist der Kapitalanleger nicht abgeneigt, da diese den Immobilienwert, falls die Immobilie wiederverkauft werden sollte, steigern würde. Er fängt mit der Suche an und wählt einmal München, beim anderen Mal Dresden. Die Unterschiede in den Immobilienpreisen beider Städte sehen für eine 60-Quadratmeter-Wohnung wie folgt aus:*

*München:*

| Jahr | Preis pro m² |
|------|--------------|
| 2011 | 3.706,71 € |
| 2012 | 4.188,84 € |
| 2013 | 5.210,31 € |
| 2014 | 5.433,50 € |
| 2015 | 6.110,79 € |
| 2016 | 6.955,33 € |
| 2017 | 7.223,72 € |
| 2018 | 7.757,46 € |

Quelle: wohnungsboerse.net[1]

*Dresden:*

| Jahr | Preis pro m² |
|------|--------------|
| 2011 | 1.328,89 € |
| 2012 | 1.720,55 € |
| 2013 | 2.044,85 € |
| 2014 | 1.876,87 € |
| 2015 | 2.304,54 € |
| 2016 | 2.350,48 € |
| 2017 | 2.547,01 € |
| 2018 | 2.365,72 € |

Quelle: wohnungsboerse.net[2]

*Bereits die Preise zeigen, dass Dresden eher finanzierbar ist als München, wenn es um die Kapitalanlage in Immobilien geht. Ausgehend vom Stand im Jahr 2018 würde der Immobilienpreis in München bedeuten, dass der Kapitalanleger für eine 60-Quadratmeter-Wohnung*

---

[1]  Vgl. https://www.wohnungsboerse.net/immobilienpreise-Muenchen/2091
[2]  Vgl. https://www.wohnungsboerse.net/mietspiegel-Dresden/7351

insgesamt 60 x 7.757,46 € = 465.447,60 € bezahlen müsste. Dies ist mit seinen Mitteln nicht finanzierbar. In Dresden hingegen ergibt sich ein anderes Bild: Mit 2.365,72 € je Quadratmeter würde die 60-Quadratmeterwohnung 60 x 2.365,72 € = 141.943,20 € kosten. Bekommt der Kapitalanleger die Kosten gestemmt, so ist ein Investment in Dresden also realistisch. Die Preisentwicklung zeigt mit Ausnahme zweier Jahre nach oben. Auf einen langfristigen Horizont hin ergibt es Sinn, in Dresden zu investieren. Nun lohnt es sich, zusätzlich die Bevölkerungsentwicklung von Dresden[3] zu betrachten. Diese weist zurzeit einen Anstieg auf, der Prognosen zufolge weiter zunehmen wird. Steigende Einwohnerzahlen sorgen für eine höhere Nachfrage nach Immobilien zur Miete und zum Kauf. Dies treibt die Preise vermutlich noch weiter nach oben.

Stichwort Mietentwicklungen: Diese Komponente des Vergleichs zwischen München und Dresden soll ebenfalls durchgeführt werden. Erneut wird von einer 60-Quadratmeter-Wohnung ausgegangen.

München:

| Jahr | Mietzins pro m² |
|------|------------------|
| 2011 | 11,95 € |
| 2012 | 12,27 € |
| 2013 | 13,06 € |
| 2014 | 14,49 € |
| 2015 | 14,84 € |
| 2016 | 17,92 € |
| 2017 | 18,71 € |
| 2018 | 18,11 € |

Quelle: wohnungsboerse.net[4]

---

[3] Vgl. https://www.dresden.de/de/leben/stadtportrait/statistik/bevoelkerung-gebiet/bevoelkerungsprognose.php

[4] Vgl. https://www.wohnungsboerse.net/mietspiegel-Muenchen/2091

*Dresden:*

| Jahr | Mietzins pro m² |
|------|------------------|
| 2011 | 5,67 |
| 2012 | 5,98 € |
| 2013 | 6,23 € |
| 2014 | 6,63 € |
| 2015 | 6,78 € |
| 2016 | 7,09 € |
| 2017 | 7,41 € |
| 2018 | 7,51 € |

Quelle: wohnungsboerse.net[5]

*An Mieterträgen würde die Münchner Wohnung laut Stand von 2018 und mit 60 Quadratmetern Wohnfläche angesetzt also 60 x 18,11 € = 1.086,60 € abwerfen. Demgegenüber steht die Dresdner Wohnung unter denselben Flächenkonditionen im Jahre 2018 mit 60 x 7,51 € = 450,60 € zu Buche.*

*Zwar verspricht München höhere Mieterträge, jedoch ist die Wohnung nicht finanzierbar. Dementsprechend bringt sich Dresden als Alternative ein. Untersucht man die Miete näher und setzt sie in Relation zum Kaufpreis, fällt auf, dass die Dresdner Wohnung im Vergleich zur Münchner Wohnung zum selben Preis mehr bieten würde: Denn während auf Dresden in Relation zum Kaufpreis lediglich knapp 315 Mieteinnahmen notwendig sind, um den Kaufpreis zu refinanzieren, sind es bei der Münchner Wohnung knapp über 428 Mieteinnahmen. Drei dieser Wohnungen in Dresden zu kaufen, würde nach wie vor einen geringeren Kaufpreis als in München bedeuten und zugleich mehr Mieteinnahmen einbringen. Des Weiteren ist in Städten wie Dresden, die im Vergleich mit den Big Cities hinsichtlich des Immobilienpreises hinterherhinken, noch weitaus mehr Wachstumspotenzial gegeben,*

---

[5]  Vgl. https://www.wohnungsboerse.net/mietspiegel-Dresden/7351

*während Städte wie München bald ihren Gipfel erreichen könnten.*
*Der Kapitalanleger entscheidet sich letzten Endes für Dresden, wo er*
*eine kleinere, aber dafür neuere und zentraler gelegene Wohnung kauft*
*als ursprünglich geplant. Er investiert 132.000 € in den Kauf der*
*Wohnung und vermietet diese für aktuell 440 € monatlich – reine Net-*
*tomiete. Es bleibt abzuwarten, wo die Entwicklung hinführt…*

Dieses umfassende Beispiel zeigt mehrere Dinge, aber allem voran eines: Die Kapitalanlage erfolgt idealerweise in Städte, die im Vergleich zu den Big Cities gemäßigte Mietspiegel und Immobilienpreise vorzuweisen haben. In Big Cities besteht die Gefahr, dass durch den Staat erlassene Gesetze die Mietpreise stark senken oder eingrenzen. Darüber hinaus besteht die Wahrscheinlichkeit für eine geringere Rendite auf einen langfristigen Horizont betrachtet. Grund: Ausgehend von der These, dass die „fetten Jahre" der Vermieter in Städten wie Dresden noch kommen werden, ist es möglich, dass auf die Dauer von drei Jahrzehnten aus 100.000 € Immobilienpreis ein Immobilienpreis in Höhe von 600.000 € werden kann. Und was passiert in München? Dort wird bestenfalls aus 450.000 € ein Immobilienpreis von 600.000 € – mehr Kapitaleinsatz, geringere Rendite. Zudem schwebt ein weiterer Aspekt über den Großstädten wie eine dunkle Wolke: Die Immobilienblase. Sie stellt den Inbegriff von Furcht und Sorge für Zweifler am Immobiliengeschäft dar. Doch eines darf gesagt sein: Wenn die Immobilienblase platzt, dann erwischt es Städte und Stadtteile, in denen eine 60-Quadratmeter-Wohnung mehr als eine Million Euro kostet. Städte wie Dresden, in denen eine vergleichbare Wohnung zehn Mal weniger kostet, werden mit einem blauen Auge davonkommen, sodass der Wert der Immobilie auf lange Sicht steigen wird.

Schlussendlich gilt, dass Kapitalanleger – ob Groß- oder Kleinanleger – am besten mit der Strategie beraten sind, die Preisentwicklungen und Mietspiegel in Städten dazu heranzuziehen, um den groben Standort einer zum Investment geeigneten Immobilie zu bestimmen. Dieser grobe Standort ist in der Stadt gegeben, die finanzierbare Immobilienpreise aufweist, die mit bis zu 4.000 €

unter den Quadratmeterpreisen in Big Cities wie München, Stuttgart und Berlin liegen. Die Preis- und Mietentwicklungen sollten dennoch einen Trend nach oben aufweisen.

# Stadtteil und Immobilie aussuchen: Makro-, Meso- und Mikro-Lage

Da mit den Preisentwicklungen und Mietspiegeln die grobe Richtung festgelegt wird, ist hiermit lediglich die Stadt bestimmt. Im weiteren Verlauf wird es erforderlich, aus der Stadt vielversprechende Stadtteile zu bestimmen. Diesbezüglich dürften die Lagekriterien aus dem ersten Buch der Reihe bekannt sein: Makro-, Meso- und Mikro-Lage sowie die Entwicklungen in Stadt und Stadtteil. Es wird als Beispiel erneut auf Dresden zurückgegriffen, um die vorigen Erkenntnisse weiterzuführen.

*Zunächst sei klargestellt, dass eine zentrale Lage immer vorteilhaft ist. Denn im Zentrum befinden sich – so ist es auch in Dresden der Fall – neben dem Hauptbahnhof als zentralem Reisepunkt und Bindeglied zu den Stadtteilen ebenso Shopping-Zentren, Restaurants, Kinos, Bars, Diskotheken, Sehenswürdigkeiten und andere öffentliche Einrichtungen. Doch welche Stadtteile sind gut ans Zentrum angebunden und sind selbst vielversprechend bestückt; also mit einer guten Mikro-Lage versehen? Hier müssen Kapitalanleger selbst recherchieren. Bei der Recherche ergeben sich die folgenden Stadtteile für Dresden:*

- *Strehlen*
- *Albertstadt*
- *Dobritz*
- *Friedrichstadt*

*Diese vier Beispiele dürften ausreichen. Bei einer kurzen Recherche erfährt man im Internet näheres zu den Stadtteilen.*

*Strehlen ermöglicht ein gehobenes Wohnen in zentraler Lage[6], so der Blog „So lebt Dresden". Der Dresdner Zoo, zahlreiche Grünanlagen, prachtvolle Bauten, die berühmte Palucca Hochschule sowie die nahe Lage zum Hauptbahnhof machen Strehlen zu einem interessanten Ort als Kapitalanlage. Die Preisentwicklungen weisen einen Trend nach oben auf, ebenso die Mietspiegel.*

*Albertstadt liegt weiter nördlich und weist einiges an Freizeitmöglichkeiten auf – von Diskotheken über das Eventwerk bis hin zum Carola-Park gibt es nichts zu bemängeln. Da viele Einrichtungen und Gewerbe ansässig sind, wird es an Arbeitsstellen vor der Haustür nicht mangeln. Die Preisentwicklungen und Mietspiegel verbuchen auch hier einen Anstieg. Der Haken dabei: In Albertstadt gibt es wenige Wohnungen. Dies bedeutet, dass ein Stadtteil von hohem kulturellem Wert und mit mehreren Freizeitmöglichkeiten nur wenige Wohnmöglichkeiten offeriert. In Anbetracht der Entwicklungen von Preisen und Mietspiegeln darf sich jeder Kapitalanleger glücklich schätzen, der hier sein Geld anlegt.*

*Dobritz sieht partiell ansprechend aus. Den vielen Plattenbauten sind mehrere Straßen und Gebiete des Stadtteils mit Grünanlagen, hübschen Fachwerkhäusern und zahlreichen Angeboten für Sportbegeisterte entgegengesetzt. Insbesondere die Ein- und Mehrfamilienhäuser am äußeren Rand von Dobritz gestalten sich in Kombination mit den Grünflächen, welche Kindern zahlreiche Spielmöglichkeiten bieten, für die Familien als eine interessante Option zur Miete. Auch wenn Preisentwicklungen und Mietspiegel langsam ansteigen, erweist sich Dobritz als ein Stadtteil mit guten Perspektiven für Kapitalanleger.*

*Friedrichstadt jedoch übertrifft für Kapitalanleger in Dresden die anderen drei Stadtteile bei Weitem: Eine kreative und hippe Künstlerszenen, Restaurants auf Dächern und öffentliche Angebote für Jung und Alt machen den Stadtteil zu einem aufstrebenden und für Kapitalanleger heißen Pflaster. Die Lage besticht durch die Nähe zur Altstadt*

---

[6] Vgl. https://so-lebt-dresden.de/wohnen-und-leben-im-stadtteil-dresden-strehlen/

*sowie zum Hauptbahnhof. Mietspiegel und Preisentwicklungen zeigen in Relation zu den anderen drei Stadtteilen erstaunlich gering nach oben, aber die Kreativszene und das öffentliche Angebot deuten Großes an. Unter Umständen lässt sich im Verlaufe der nächsten 20 bis 30 Jahre eine Gentrifizierung wie im Falle von Berlin-Kreuzberg feststellen. Und wer würde heute, könnte er die Zeit zurückdrehen und es sich finanziell leisten, nicht in Berlin-Kreuzberg investieren, wo die Mieten für 60-Quadratmeter-Wohnungen Stand jetzt (November 2019) bei weit über 1.500 € im Monat liegen können – kalt und nicht warm; versteht sich...*

Diese Vorgehensweise hat beispielhaft aufgeführt, wie es nach der Ermittlung einer für Kapitalanlagen geeigneten Stadt weitergehen könnte: Es werden einzelne Stadtteile ausgewählt, die dem Zentrum möglichst nah sind oder von denen aus das Zentrum schnell erreichbar ist. Dabei ist auf das Angebot der Stadtteile zu achten – sowohl in kultureller als auch beruflicher Hinsicht. Geschichte, Architektur und mutmaßliche Entwicklungen in der Zukunft fallen ebenso ins Gewicht. Dabei ist es essenziell, von der Stadt an sich auszugehen: Was beispielsweise in dem Beispiel nicht adäquat erläutert wurde, waren die Qualitäten von Dresden. Denn einzelne vielversprechende Stadtteile in einer Stadt, die wenig zu bieten hat, haben ein bedingtes Potenzial. Dresden jedoch liefert mit der atemberaubenden Natur in der nahegelegenen Sächsischen Schweiz, einem eigenen Flughafen, mehreren Hotels, zahlreichen öffentlichen Einrichtungen, Museen und Sehenswürdigkeiten die idealen Voraussetzungen. Darin eine potenzielle Goldgrube wie Friedrichstadt zu finden, hat einen unermesslichen Wert.

Somit ist die Devise in der Immobilienauswahl, eine Mehrzahl an Städten (z.B. Dresden, Leipzig, Essen) zu bestimmen, um anschließend diese Städte im Hinblick auf nah am Zentrum gelegene oder gut ans Zentrum angebundene Stadtteile zu untersuchen. Die Stadtteile, auf die dies zutrifft, werden möglichst präzise untersucht. Kriterien sind dabei u. a.:

- Preisentwicklungen
- Mietspiegel

- ◆ Angebote vor Ort (z. B. kulturell, beruflich)
- ◆ Bevölkerungsentwicklung
- ◆ Arbeitslosenquote
- ◆ Freizeiteinrichtungen
- ◆ Arbeitsstellen
- ◆ Beliebtheitswerte (z. B. Künstlerszene, Hippie-Szene)

Je positiver und perspektivreicher der jeweilige Stadtteil abschneidet, desto mehr bringt er sich für ein Investment ins Gespräch. So werden aus mehreren Städten mehrere Stadtteile in diesen Städten. Aus diesen Stadtteilen werden mehrere Immobilien herausgesucht, die aktuell zum Verkauf stehen. Diese gilt es zu besichtigen und hinsichtlich ihres Werts zu beurteilen.

# Wertermittlung einzelner Immobilien

Wurden Immobilien aus den bevorzugten Stadtteilen ausgewählt, weil sie auf den Kapitalanleger ansprechend erscheinen und auf den ersten Blick finanzierbar sind, wird idealerweise nicht direkt Kontakt aufgenommen, sondern zunächst der ausgeschriebene Kaufpreis überprüft. Ziel dieser Überprüfung ist es, noch vor der Besichtigung oder überhaupt der Vereinbarung zu einer Besichtigung einen Eindruck davon zu erhalten, ob das Angebot fair ist. Sollte sich nämlich herausstellen, dass der ausgeschriebene Kaufpreis deutlich über dem Wert vergleichbarer Immobilien liegt oder den möglichen Ertrag übersteigt, ist das Investment nicht lukrativ. In diesem Fall ist eine Besichtigung hinfällig. Zudem bildet die Wertermittlung der Immobilie noch vor einer Besichtigung eine gute Vorbereitung auf dieselbige und dient als Grundlage zur Kaufentscheidung für die Phase nach der Besichtigung.

Zur Beurteilung des Immobilienwerts empfiehlt sich ein etabliertes, anerkanntes und mehrere Komponenten berücksichtigendes Verfahren. Die Theorie kennt drei solcher Verfahren zur Wertermittlung von Immobilien:

- Vergleichswertverfahren

- Ertragswertverfahren

- Sachwertverfahren

Beim ersten Verfahren wird der Wert der Immobilie anhand eines Vergleichs mit anderen Immobilien ermittelt. Das Ertragswertverfahren bestimmt den Gebäudewert anhand des potenziellen Ertrags, den es liefern wird. Im Sachwertverfahren werden Eigenschaften der Immobilie zur Wertermittlung herangezogen, um anhand des Zustandes und der Substanz des Gebäudes einzig und allein den Wert der Sache zu bestimmen.

Die Anwendung des Sachwertverfahrens entfällt bei einem Immobilieninvestment zur Vermietung. Grund dafür ist, dass ein Gebäude in bestem Zustand sein kann, aber wenn es sich keiner guten Lage befindet und keine Vermieter anzieht, dann hat es einen geringen Wert. Unter Umständen steht es jahrelang leer und hat keinen Wert, da es kein Geld abwirft. Anders würde es aussehen, wenn der eigentliche Vermieter in einem Einfamilienhaus mit seiner Familie wohnen und dieses nutzen würde. Er hat das für sich passende ausgewählt, was sogar durchaus abgelegen sein kann. Sofern der Familie die Lage zusagt, ist die wichtigste Voraussetzung geschaffen. Nun kommt es nur noch auf den Sachwert an, schließlich möchte die Familie in einem schicken Haus wohnen und von einer soliden Bausubstanz profitieren.

Viel passender ist das Ertragswertverfahren bei einer Vermietung: Die Immobilie soll durch die Mieteinnahmen einen Ertrag bringen. Diese Methode ist zur Wertermittlung der Immobilie somit geeignet und erweist sich neben der Vermietung auch bei Geschäftsräumen, Lagerhallen und Bürogebäuden als passend. Überall wo die Immobilie dem Ertrag gewidmet ist, dient das Ertragswertverfahren der Wertermittlung.

Zuletzt fügt sich das Vergleichswertverfahren als weitere Methode überzeugend ins Gesamtbild ein. Problematisch ist, dass zur Umsetzung dieses Verfahrens strenge Voraussetzungen gelten. Werden diese nicht erfüllt, eignet sich die Methode nicht. Sollten hingegen bei der eigenen Immobilie und der bzw. den Immobilien, die zum Vergleich herangezogen werden, sämtliche Daten verfügbar sein, dann ist das Vergleichswertverfahren so einfach wie präzise.

Da für Vermieter das Vergleichs- und Ertragswertverfahren nahezulegen sind, werden diese in den folgenden Abschnitten erläutert und mit jeweils einem Beispiel vorgestellt. Das Sachwertverfahren bleibt außen vor.

## *Vergleichswertverfahren*

Das Vergleichswertverfahren für bebaute Grundstücke – also mit Gebäuden – ist dann umsetzbar, wenn folgende Kriterien zwischen den zu vergleichenden Immobilien gegeben sind (vgl. Mannek, 2016[7]):

- Grundrisse sind identisch oder weichen nur geringfügig voneinander ab
- Wohnflächen sind identisch oder weisen nur geringe Abweichungen auf
- Grundstücke liegen in derselben Gegend
- Größen der Grundstücke dürfen nur geringfügig voneinander abweichen
- Anzahl der Zimmer ist identisch
- Anzahl der Geschosse ist identisch
- Grundstücke und Immobilien weisen denselben Modernisierungsstand auf
- Gebäude sind im selben Jahr errichtet worden
- Ausstattung der Gebäude im Hinblick auf Elektro, Sanitär, Heizung u. Ä. ist identisch

Was in den genannten Beispielen „geringfügig" oder „gering" konkret bedeutet, ist jedem Leser zur Deutung selbst überlassen.

---

[7] Mannek, W.: Profi-Handbuch Wertermittlung von Immobilien, 2016. S. 42f

Fakt ist, dass bei starken Abweichungen das Vergleichswertverfahren nur mit Zweifeln möglich ist. Es funktioniert der Erfahrung nach bei Reihenhäusern und Wohngebäuden gut, da die hiesigen Wohnräume direkt an andere grenzen und meistens einander ähneln.

Nichtsdestotrotz ereignet es sich in Wohngebäuden hin und wieder, dass es drei verschiedene Modelle von Wohnungen gibt: Beispielsweise verfügen die Wohnungen im Erdgeschoss über einen größeren Balkon, der fast schon eine Terrasse ist. Die Wohnungen in den oberen Stockwerken haben kleinere Balkons. Von der Wohnfläche her stimmen sämtliche Wohnungen überein, mit Ausnahme derjenigen in der obersten Etage, die fast das Doppelte der Wohnfläche der anderen Wohnungen verzeichnet. Lässt sich das Vergleichswertverfahren anwenden? Da nur die Wohnflächen und nicht die Qualität sowie Ausstattung der Wohnungen abweichen, ist durch die folgende Formel das Vergleichswertverfahren nach wie vor anwendbar:

**Formel:**

*Preis pro Quadratmeter Wohnfläche x Wohnfläche der Eigentumswohnung in Quadratmeter*

Das Endergebnis ist der Wert der Eigentumswohnung, die gerade mit den anderen Wohnungen verglichen wird. Der Schlüssel ist also der Preis pro Quadratmeter. Diesen findet man heraus, indem man den Kaufpreis einer Wohnung durch die Wohnfläche teilt.

### Beispielrechnung:

*Die Wohnung, die Justus M. kaufen möchte, hat 90 Quadratmeter. Eine Vergleichswohnung im selben Gebäudekomplex verfügt über 85 Quadratmeter Wohnraum und wurde vor fünf Monaten für 155.000 € gekauft. Hier lag der Preis pro Quadratmeter bei 155.000 €: 85 m² = 1.823,53 €/m². Diesen Quadratmeterpreis multipliziert Justus M. nun mit der Wohnfläche in Quadratmeter, die sein potenzielles Kaufobjekt bietet: 1.823,53 €/m² x 90 m² = 164.117,70 €. Da es sich um eine größere Wohnung handelt, ist der höhere Preis berechtigt.*

Anders würde es sich verhalten, wenn die Vergleichswohnung eine umfassendere Ausstattung aufweisen würde, wie es zum Beispiel bei einem Kamin, wesentlich besserer Dämmung und/oder anderen Dingen der Fall ist.

## Hinweis!

Das Vergleichswertverfahren kann nur dann zuverlässig durchgeführt werden, wenn die Vergleichsimmobilie zeitnah erstanden wurde. Sollte beispielsweise der Kauf der Vergleichsimmobilie fünf Jahre her sein, lässt sich angesichts der stetig steigenden Immobilienpreise in Groß- und mittlerweile immer mehr Kleinstädten sowie der Stadtumgebung kein Vergleich ziehen. Die Immobilie wird in der Regel unterschätzt, da die positive Preisentwicklung missachtet wird.

## *Ertragswertverfahren*

Abgesehen vom Vergleichswertverfahren hat sich das Ertragswertverfahren bei Vermietern ein hohes Ansehen erarbeitet. Verantwortlich dafür zeichnet die Tatsache, dass es den potenziellen Mietertrag einbezieht und somit lukrativere Käufe in Aussicht stellt. Denn die Problematik des Vergleichswertverfahrens spiegelt sich neben den strengen Voraussetzungen für seine Umsetzbarkeit darin wider, dass die Vergleichswohnung nicht zwingend von einem Kapitalanleger gekauft wurde. Die Krux an der Sache: Wohnungen, die zur Eigennutzung gekauft werden, wandern tendenziell teurer über den Tisch. Denn die Menschen sind beim Kauf emotionaler und bereit, für die Erfüllung der eigenen Wünsche oder Träume einen höheren Preis zu bezahlen.

Nun zur Umsetzung des Ertragswertverfahrens:

Im Rahmen des Ertragswertverfahrens wird zunächst der jährlich zu erwartende Rohertrag des Gebäudes herangezogen. In die Berechnung des Rohertrags sind alle zu erwartende Einnahmen durch das Gebäude einzubeziehen. Handelt es sich beim Büro um die Kunden und die Umsätze durch diese, ist dies bei einer Vermietung die Miete. Nun müssen von diesem Rohertrag die jährlichen Kosten für die Bewirtschaftung – bei einer Vermietung die Betriebskosten – subtrahiert werden.

Nach dieser Rechnung ist der jährliche Reinertrag gegeben, welcher allerdings bei Weitem noch nicht den Ertragswert darstellt. Dafür muss weitergerechnet und für den Bodenwert eine Verzinsung abgerechnet werden. Grund dafür ist, dass Boden- und Gebäudewert getrennt ermittelt werden, die festgesetzten Mietzahlungen jedoch beides betreffen. Um eine doppelte Erfassung des Grundstückswerts zu verhindern, wird nach § 185 Absatz 2 Satz 1 BewG (Bewertungsgesetz)[8] der Gesamtertrag um die inkludierte Bodenrente gemindert. Der Verzinsungsbetrag des Bodenwerts wird berechnet, indem folgende Rechnung getätigt wird:

**Formel:**

*Verzinsungsbetrag des Bodenwerts = (Bodenwert x Liegenschaftszinssatz) : 100*

Der Liegenschaftszinssatz verdeutlicht, welche Rendite auf den Grund und Boden zurückzuführen ist. Je höher er ausfällt, umso niedriger ist der Wert der Gebäude. Je niedriger der Liegenschaftszinssatz ist, umso höher sind die Gebäude im Wert. Ohne allzu weit vom Thema abzuschweifen: Den Liegenschaftszinssatz erfahren Anleger vom Gutachterausschuss der jeweiligen Region. Dieser hat die Liegenschaftszinssätze zuverlässig ermittelt. Dann wird der Zinssatz in die Formel eingesetzt und entsprechend weitergerechnet. Das Ergebnis ist die Verzinsung des Bodenwerts als ein Betrag, der vom jährlichen Reinertrag subtrahiert wird.

---

[8] Vgl. https://dejure.org/gesetze/BewG/185.html

## Hinweis!

Hinter dem Bodenwert verbirgt sich eine wichtige Größe, die bereits im ersten Buch der Reihe thematisiert wurde und neben dem Ertragswertverfahren bei der Abschreibung für Abnutzung und weiteren buchhalterischen Vorgängen wichtig ist. So wichtig der Bodenwert auch ist, mindestens genauso schnell und einfach ist er erklärt: Wie bereits der Liegenschaftszinssatz werden die Werte bei den zuständigen Geschäftsstellen der Gutachterausschüsse erfragt. Allerdings hat die Sache einen Haken: Die Gutachter berechnen den Bodenrichtwert; also den Wert pro Quadratmeter in Euro. Dieser muss daraufhin mit der Grundstücksfläche in Quadratmeter multipliziert werden, um den gesamten Bodenwert zu ermitteln[9].

Formel: Bodenwert (€) = Bodenrichtwert (€ pro m²) x Grundstücksfläche (m²)

Nach der Subtraktion des Verzinsungsbetrags des Bodenwerts ergibt sich der Reinertragsanteil der baulichen Anlagen. Nun wird der letzte Schritt vorgenommen, um den vorläufigen Ertragswert der baulichen Anlagen zu ermitteln: Der Reinertragsanteil der baulichen Anlagen ist mit dem Vervielfältiger zu multiplizieren. Beim Vervielfältiger handelt es sich stets um eine grobe Schätzung, deren Sinn ist, die Liegenschaftszinssätze und die verbliebene Nutzungsdauer das Gebäudes in die Rechnung einzubeziehen, um den Ertragswert realistisch zu bestimmen. Denn ist ein Gebäude äußerst alt, ist von einer geringeren Restnutzungsdauer und somit einem geringeren Ertrag auszugehen. Ziel ist eine unverfälschte und realistische Abbildung des realen Ertragswerts durch die Rechnung. Dabei ist der Vervielfältiger eine wichtige Unterstützung und ein integraler Bestandteil.

Die folgende Tabelle klärt über den anzuwendenden Vervielfältiger auf. Sie ist in Anlehnung an Wilfried Mannek (2016)[10] erstellt und der Einfachheit wegen gekürzt sowie modifiziert. Je älter und

---

[9] Vgl. https://www.immobilienscout24.de/immobilienbewertung/lexikon/bodenrichtwert.html
[10] Vgl. Mannek, W.: Profi-Handbuch Wertermittlung von Immobilien, 2016. S. 78ff

sanierungsbedürftiger das Gebäude, umso geringer ist die Restnutzungsdauer zu wählen. Je höher die Nachfrage nach Immobilien, umso geringer ist der Liegenschaftszinssatz zu wählen. Jeder Restnutzungsdauer in der linken Spalte ist ein Liegenschaftszinssatz in der oberen Zeile zuzuordnen. In dem Feld, in dem sich die jeweilige Restnutzungsdauer und der Liegenschaftszinssatz treffen, steht der für die Rechnung anzuwendende Vervielfältiger.

## Hinweis!

Da die Tabelle modifiziert ist, sind links Zeitspannen gegeben – ebenso beim Vervielfältiger. Bei den Spannen gilt: Je länger die Restnutzungsdauer, umso höher der Vervielfältiger. Steht beispielsweise eine Restnutzungsdauer von sieben Jahren bei einem Liegenschaftszinssatz von 3 % zur Debatte, dann wird aus dem Vervielfältiger zwischen 0,97 und 8,53 eine höhere Zahl gewählt, beispielsweise 6. In der Beispielrechnung unterhalb der Tabelle wird der Sachverhalt verdeutlicht.

| | 1 | 2 | 3 | 4 | 5 | 6 | 7 | 8 | 9 | 10 |
|---|---|---|---|---|---|---|---|---|---|---|
| **1-10** | 0,99 – 9,47 | 0,99 – 8,98 | 0,97 – 8,53 | 0,96 – 8,11 | 0,95 – 7,72 | 0,94 – 7,36 | 0,93 – 7,02 | 0,93 – 6,71 | 0,92 – 6,42 | 0,91 – 6,14 |
| **11-20** | 10,37 – 18,05 | 9,79 – 16,35 | 9,25 – 14,88 | 8,76 – 13,59 | 8,31 – 12,46 | 7,89 – 11,47 | 7,50 – 10,59 | 7,14 – 9,82 | 6,81 – 9,13 | 6,50 – 8,51 |
| **21-30** | 18,86 – 25,81 | 17,01 – 22,40 | 15,42 – 19,60 | 14,03 – 17,29 | 12,82 – 15,37 | 11,76 – 13,76 | 10,84 – 12,41 | 10,02 – 11,26 | 9,29 – 10,27 | 8,65 – 9,43 |
| **31-40** | 26,54 – 32,84 | 22,94 – 27,36 | 20,00 – 23,11 | 17,59 – 19,79 | 15,59 – 17,16 | 13,93 – 15,05 | 12,53 – 13,33 | 11,35 – 11,92 | 10,34 – 10,76 | 9,48 – 9,78 |
| **41-50** | 33,50 – 39,20 | 27,80 – 31,42 | 23,41 – 25,73 | 19,99 – 21,48 | 17,29 – 18,26 | 15,14 – 15,76 | 13,39 – 13,80 | 11,97 – 12,23 | 10,79 – 10,96 | 9,80 – 9,91 |
| **51-60** | 39,80 – 44,96 | 31,79 – 34,76 | 25,95 – 27,68 | 21,62 – 22,62 | 18,34 – 18,93 | 15,81 – 16,16 | 13,83 – 14,04 | 12,25 – 12,38 | 10,97 – 11,05 | 9,92 – 9,97 |
| **61-70** | 45,50 – 50,17 | 35,06 – 37,50 | 27,84 – 29,12 | 22,71 – 23,39 | 18,98 – 19,34 | 16,19 – 16,38 | 14,06 – 14,16 | 12,39 – 12,44 | 11,05 – 11,08 | 9,97 – 9,99 |
| **71-80** | 50,66 – 54,89 | 37,74 – 39,75 | 29,25 – 30,20 | 23,46 – 23,92 | 19,37 – 19,60 | 16,40 – 16,51 | 14,17 – 14,22 | 12,45 – 12,47 | 11,09 – 11,10 | 9,99 – 10,00 |

| 81-90 | 55,34 – 59,16 | 39,95 – 41,59 | 30,29 – 31,00 | 23,96 – 24,27 | 19,62 – 19,75 | 16,52 – 16,58 | 14,23 – 14,25 | 12,48 – 12,49 | 11,10 – 11,11 | 10,00 – 10,00 |
| 91-100 | 59,57 – 63,03 | 41,75 – 43,10 | 31,07 – 31,60 | 24,30 – 24,51 | 19,76 – 19,85 | 16,58 – 16,62 | 14,26 – 14,27 | 12,49 – 12,49 | 11,11 – 11,11 | 10,00 – 10,00 |

Nach der Multiplikation mit dem vorläufigen Ertragswert der baulichen Anlagen erhält man dank des Vervielfältigers den vorläufigen Ertragswert insgesamt. Sofern es durch gebäudespezifische Merkmale, wie beispielsweise Mängel, einen Grund für umfassende Renovierungsarbeiten gibt, muss der entsprechende Betrag ebenfalls subtrahiert werden, um aus dem vorläufigen Ertragswert den endgültigen Ertragswert zu gewinnen. Sind keine umfassenden Mängel vorhanden, ist der vorläufige Ertragswert gleich dem endgültigen Ertragswert.

**Beispielrechnung:**
*Manfred L. kauft eine Immobilie, deren Bodenwert auf 12.000 € beträgt. Den jährlichen Rohertrag durch die Mieteinnahmen setzt er mit 6.000 € an.*

*Davon zieht er unter den Bewirtschaftungskosten die Kosten für Instandhaltung, Verwaltung und Versicherungen ab, die sich auf 2.000 € belaufen. Die Finanzierungskosten spielen im Ertragswertverfahren keine Rolle. Es ergibst sich nach Abzug der Bewirtschaftungskosten ein jährlicher Reinertrag von 4.000 € für das Grundstück.*

*Im nächsten Schritt wird die Verzinsung des Bodenwerts berechnet. Hierzu hat Manfred L. zusätzlich zum Bodenwert von 12.000 € den benötigten Liegenschaftszinssatz erfahren, der in seinem Fall bei 4,5 % liegt. Diese Angaben setzt er in die Formel ein: Verzinsung des Bodenwerts = (Bodenwert x Liegenschaftszinssatz) : 100 = 540.*

*Die Verzinsung des Bodenwerts ist vom jährlichen Reinertrag des Grundstücks zu subtrahieren: 4.000 € - 540 € = 3.460 €. Dies ist der Reinertragsanteil der baulichen Anlagen.*

*Um aus dem Reinertragsanteil der baulichen Anlagen den vorläufigen Ertragswert der baulichen Anlagen zu gewinnen, wird das bisherige Ergebnis mit dem Vervielfältiger multipliziert. Da Manfred L. bei dem Gebäude mit einer Restnutzungsdauer von 40 Jahren rechnet und aufgrund der hohen Nachfrage nach Wohnungen in dem Gebiet den Liegenschaftszins von 4,5 % auf 4 % senkt, liest er aus der Tabelle den Vervielfältiger 19,79 heraus. Die Formel fürs weitere Vorgehen lautet: Vorläufiger Reinertragsanteil der baulichen Anlagen x Vervielfältiger = Vorläufiger Ertragswert der baulichen Anlagen. Für die weitere Vorgehensweise bedeutet dies: 3.460 € x 19,79 = 68.473,40 €.*

*Es fallen keine umfangreichen Sanierungsarbeiten an und das Gebäude befindet sich in keinen sonstigen Umständen, die eine Korrektur des Gebäudewerts nach oben oder unten rechtfertigen würden. Somit ist der vorläufige Ertragswert der baulichen Anlagen gleich der vorläufige Ertragswert insgesamt. Da es in der Praxis üblich ist und sich von der Schätzung her bewährt, wird am Ende die Summe aufgerundet: Aus 68.473,40 € wird ein Ertragswert in Höhe von 70.000 €.*

Der Wert aus diesem Beispiel mag gering erscheinen, doch es wurden gezielt von Beginn an Voraussetzungen für diesen geringen Wert geschaffen: Geringer Bodenwert, geringer Rohertrag und geringe Restnutzungsdauer. Dieses Beispiel hat veranschaulicht, dass das Ertragswertverfahren auch bei Immobilien eines geringen Werts zuverlässige und authentische Werte liefert. Die Endsumme darf beim Kauf gezahlt werden. Der Gewinn ist in der Verzinsung des Bodenwerts, einer nicht einkalkulierten Mietsteigerung sowie den ebenso nicht einkalkulierten Steuervorteilen und dem Wiederverkauf bzw. der Wertsteigerung bei Behalt der Immobilie gegeben. Dementsprechend erhalten Anleger durch das Ertragswertverfahren als Ergebnis die Summe, die sie definitiv beim Kauf investieren dürfen.

Formel:

I. Jährlicher Rohertrag – Bewirtschaftungskosten = Jährlicher Reinertrag

II. Jährlicher Reinertrag – Verzinsung des Bodenwerts = Reinertragsanteil der baulichen Anlagen

III. Reinertragsanteil der baulichen Anlagen x Vervielfältiger = Vorläufiger Ertragswert der baulichen Anlagen

IV. Vorläufiger Ertragswert der baulichen Anlagen +/- Marktanpassung +/- objektspezifische Grundstücksmerkmale und deren Ertrag bzw. Kosten = Endgültiger Ertragswert (optionaler Schritt)

## *Fazit: Mit etwas Rechenübung Täuschungen im Kaufpreis aus dem Weg gehen!*

Das Sachwertverfahren ist am einfachsten umsetzbar. Beim Vergleichswertverfahren wiederum wird Kapitalanlegern Rechenarbeit abverlangt. Die Gesamtübersicht über die Formel und das Beispiel haben jedoch gezeigt, dass sich keine komplexe Rechenarbeit dahinter verbirgt; sie ist lediglich umfangreich. Mit diesen beiden Verfahren ist es möglich, noch vor der Besichtigung der Immobilie oder einer Terminvereinbarung per Telefon eine erste Einschätzung bezüglich der Fairness des Kaufpreises zu erlangen. Zudem wird durch die Erkundigung über den Liegenschaftszinssatz und die Bodenrichtwerte Wissen über die Lage der Immobilie erlangt. Je höher der Liegenschaftszinssatz im Vergleich mit anderen Gegenden ist, umso gefragter ist die jeweilige Immobilienlage und somit die Immobilie selbst.

# Für die Besichtigung: Grundriss, Baualtersklasse, Energiesparen und Mängelerfassung

Nun steht der Termin zur Besichtigung an. Was errechnet wurde, spielt bei Betritt des Grundstücks und der Immobilie nur noch im Hinterkopf eine Rolle. Die gesamte Aufmerksamkeit gilt der Immobilie. Diese darf unter keinen Umständen mit leuchtenden Augen und geblendet vom Traum der ersten Immobilie zur Kapitalanlage inspiziert werden. Alle Aufmerksamkeit hat mit kritischen Blicken auf der Immobilie und deren Begehung zu ruhen. Es mag sein, dass der Verkäufer Schäden offenlegen muss, doch möglicherweise kennt er einige Schäden nicht. In jedem Fall ist eine eigene aufmerksame Immobilienbesichtigung, die schon beim Grundriss anfängt, erforderlich. Sollte von vornherein bekannt sein, dass das Gebäude in den 40er, 50er oder 60er Jahren erbaut wurde, ist aufgrund der minderwertigen Baumaterialien und des möglicherweise vorhandenen Asbests ein Fachmann zur Besichtigung mitzunehmen; am besten zur zweiten Besichtigung. Ratschläge zu diesen Aspekten sowie zum Energiesparen und zur Mängelerfassung runden den Abschnitt ab.

## *Grundriss*

Der Grundriss wird üblicherweise bereits vor der Besichtigung vom Makler oder Verkäufer ausgehändigt. Alternativ ist ein Foto des Grundrisses dem Exposee oder der Anzeige im Internet beigefügt. Mit dem Grundriss beginnt der Eindruck von der Immobilie, der genau dann positiv ausfällt, wenn die Zeichnung folgende Anforderungen erfüllt (Hebisch, 2018[11]):

- ◆ Erstellungsdatum und Maßstab sind angegeben
- ◆ Sämtliche Arten von Anschlüssen sind an den richtigen Stellen eingezeichnet
- ◆ Ausrichtungsangabe durch einen Pfeil oder ein anderes Element mit Himmelsrichtung
- ◆ Außentreppe, Balkon und weitere zur Wohnung gehörende oder der Wohnung angeschlossene Elemente sind aufgeführt
- ◆ Nutzräume sind von Schlafzimmern klar differenziert eingezeichnet
- ◆ Anzahl der Räume ist korrekt
- ◆ Dachschrägen sind eingezeichnet
- ◆ Maße der Räume sind angegeben
- ◆ Türen sind markiert

Ist der Grundriss zusätzlich klar leserlich oder gar mit einer Software erstellt, ist der erste Eindruck durchweg positiv. Der Grund-

---

[11] Vgl. Hebisch, B.: *Immobilien richtig besichtigen*, 2018. S. 44

riss wird ausgedruckt und bei der Besichtigung mit den realen Verhältnissen vor Ort in der Immobilie abgeglichen. Sollten deutliche oder viele kleine Abweichungen auftreten, sind die Gründe dafür beim Makler oder Verkäufer zu erfragen. Es empfiehlt sich, Abstand vom Kauf zu nehmen. Denn wer im Grundriss Fehler begeht oder Dinge gar deutlich vertuscht, wird ebenso Mängel der Wohnung übersehen oder kaschieren.

## Baualtersklasse

Neben dem Grundriss ist die Baualtersklasse ein aufschlussreicher Aspekt vor und bei der Besichtigung. Sollte ein Gebäude vor 1918 erbaut worden sein, handelt es sich häufig um ein komplett saniertes Gebäude. Dies sind mehrheitlich Ein- und Mehrfamilienhäuser, die in Stadtkernen und Dörfern auffindbar sind. Bei einem Kauf einer solchen Immobilie im Stadtkern lässt sich eine hohe Gewinnspanne erzielen.

Gebäude aus der Epoche 1949 bis 1957 erweisen sich als kritisch. Denn in der Nachkriegszeit wurden Wohnungen und Häuser auf das Minimalmaß reduziert und es wurden Baumaterialien gewählt, die vereinzelt Trümmer und Schutt enthielten. Anleger sind gut damit beraten, eine Besichtigung von Immobilien, die in dieses Bauzeitalter fallen, mit Vorsicht anzugehen. Im Optimalfall wird das Gebäude zunächst selbst besichtigt. Sollte es der alleinigen ersten Besichtigung standhalten, ist die kostenpflichtige Hinzuziehung eines Gutachters zum finalen Check angeraten.

Die Bauepoche 1958 bis 1968 ist nicht minder bedenklich. Diese Gebäude beinhalten das Risiko von Feuchtigkeitsschäden. Hier wurden einzelne Elemente der Gebäude in einem Zuge durchbetoniert und es gab keine Wärmedämmung. Die Heizungen haben vereinzelt Asbest verbaut und werden mit Strom betrieben. Letzteres verursacht hohe Heizkosten. Soll eine solche Heizung ausgetauscht werden, müssen gezwungenermaßen Fachunternehmen ans Werk, da das freigesetzte Asbest ein Gesundheitsrisiko darstellt. Es muss entsorgt werden, was hohe Kosten zur Folge hat.

## Hinweis!

Früher wurde gezielt mit Asbest gebaut. Ehe es 1993 in Deutschland verboten wurde, fand Asbest im Baumaterial für Decken und Außenwände Anwendung. Asbest gilt als krebserregend, da es sich in Fasern zerteilt, die eingeatmet werden. In der Lunge führen die Asbestfasern schlimmstenfalls zu einer Verhärtung und Vernarbung des Bindegewebes. Diese krankhaften Veränderungen können mit der Zeit für Atemprobleme und Lungenkrebs sowie weitere Krebsarten sorgen. Diese gesundheitlichen Probleme treten in vielen Fällen sogar mehrere Jahre nach einem längeren Aufenthalt in einer Asbest-Umgebung auf.

Ab den 70er Jahren traten nach und nach Trendwenden ein, die einerseits Begriffe wie Wärmedämmung in den Wortschatz von Architekten und Bauunternehmern brachten, andererseits eine weitaus höhere Materialqualität im Bau bewirkten. Insbesondere der Bauboom in den 90er Jahren nach der Wiedervereinigung ermutigte die Unternehmen zum Experimentieren und ließ die Gebäude sukzessive besser werden. Von 2002 bis heute existiert die Energieeinsparverordnung, die im Laufe der Zeit erweitert wurde. Zudem gibt es vermehrt Fördermittel, die bei der Optimierung der Energie-Standards unterstützen.

## *Energiesparen*

Die Energieeinsparverordnung (EnEV) regelt die Vorgaben zu Neubauten und bestehenden Gebäuden im Hinblick auf energetische Anforderungen. Ziel ist es, den Umstieg auf alternative Energien zu meistern und das Erreichen der Klimaschutzziele Deutschlands zu fördern. Durch gezielte Optimierung der Heizungs- und Klimatechnik sowie des Wärmedämmzustands werden darüber hinaus die laufenden Kosten eines Gebäudes gesenkt[12]. Aus diesem Grund ist die Energieeinsparverordnung nicht nur eine Vorgabe des Staates, sondern eine dankbare Möglichkeit für Eigentümer und Vermieter von Immobilien ...

---

[12]  Vgl. https://www.verbraucherzentrale.de/wissen/energie/energetische-sanierung/energieeinsparverordnung-enev-13886

♦ ... die laufenden Kosten zu senken.

♦ ... den Wert der Immobilie zu steigern.

♦ ... zum Klimaschutz beizutragen.

♦ ... leichter Mieter und Käufer für die Immobilie zu finden.

Doch was genau wird in der Verordnung festgelegt?

Um die Thematik nicht zu sprengen, werden in diesem Abschnitt beispielhaft die wichtigsten Regelungen für bestehende Gebäude ausgeführt. Die folgenden Punkte gelten für alle Gebäude außer Ein- und Mehrfamilienhäuser, die seit Anfang 2002 vom Eigentümer durchgehend bewohnt werden[13]:

♦ Öl- und Gas-Standardheizkessel mit über 30 Jahren Alter müssen ausgetauscht werden, sofern es sich um Konstanttemperaturkessel in einer üblichen Größe handelt.

♦ Heizungs- und Warmwasserrohre in unbeheizten Räumen sind zu dämmen.

♦ Oberste Geschossdecken in unbeheizten Räumen sind ebenfalls zu dämmen.

♦ Sollten Modernisierungen vorgenommen werden, wird eine energetische Gesamtbilanzierung durchgeführt. Letzten Endes darf der Primärenergiebedarf des gesamten Gebäudes maximal 87 % höher sein als bei Neubauten.

♦ Bei Einzelmaßnahmen sind die in der Energieeinsparverordnung genannten Anforderungen an den Wärmedurchgangskoeffizienten des entsprechenden Bauteils bzw. der entsprechenden Bauteile einzuhalten.

Näheres über dieses spezielle Thema ist in der Energieeinsparverordnung nachzulesen, die unter folgendem Link aufgerufen werden kann: https://www.gesetze-im-internet.de/enev_2007/

---

[13] Vgl. https://www.verbraucherzentrale.de/wissen/energie/energetische-sanierung/energieeinsparverordnung-enev-13886

Des Weiteren sind bei den Förderbanken wie der KfW-Bank, die entsprechende Maßnahmen fördern, nähere Informationen einzuholen. Vermieter müssen nach Vorschriften der EnEV den Energieausweis bei der Besichtigung vorzeigen oder für die Mietinteressenten sichtbar auslegen. Dabei haben Vermieter grundsätzlich die Wahl zwischen einem Bedarfs- und Verbrauchsausweis. Ausnahmen dieses Grundsatzes bilden kleinere Vermietungsgebäude, die maximal vier Wohneinheiten haben und nicht der Wärmeschutzverordnung von 1977 entsprechen – hier ist ein Bedarfsausweis erforderlich.

## *Mängelerfassung*

Es wäre zu viel verlangt, die Erwartung zu hegen, dass der Kapitalanleger bei der Besichtigung einer Immobilie alle Mängel entdeckt. Zwar hat der Verkäufer die Pflicht, den angehenden Käufer und Vermieter über alle ihm bekannten Mängel aufzuklären, doch es kann ebenso Mängel geben, die dem Verkäufer unbekannt sind. Aus diesem Grund haben Kapitalanleger bei der Besichtigung die Option, einen Gutachter mitzunehmen. Im Falle einer Finanzierung setzt die Bank sogar einen eigenen Gutachter ein, um sich aus Eigeninteresse des Zustands des Gebäudes zu vergewissern. Wer sich die Kosten für einen Gutachter sparen möchte, kann mit der folgenden Checkliste eine Besichtigung in Eigenverantwortung unternehmen:

♦ Ist ausreichend Belüftung in den einzelnen Räumen gegeben?

♦ Gibt es ausreichend Fenster für eine adäquate Lüftung und Lichteinfluss?

♦ Machen die Innenwände einen massiven Eindruck und sind sie trocken? Klopfen und Fühlen!

♦ Welche Baumaterialien wurden für Immobilie und einzelne Bestandteile, wie z. B. Fenster, genutzt?

♦ Wie ist der Zustand des Dachs? Gibt es Löcher oder ist es unzureichend gedämmt?

♦ Existieren Auflagen bezüglich des Gebäudes, wie z. B. Denkmalschutzauflagen?

- Ist die Fassade ausreichend wärmegedämmt? Sind Risse – sowohl innen als auch außen – sichtbar?
- Ist der Keller trocken und in einem guten Zustand?
- Wie wird geheizt und in welchem Zustand ist die Heizung?
- Sind alle Anschlüsse für TV, Internet, Telefonie und Strom vorhanden und befinden sie sich an den richtigen Stellen?

Quelle: Immobilien richtig besichtigen (Hebisch, 2018)[14]

Insbesondere Feuchtigkeitsschäden sind schädlich für das Gebäude. Dort, wo der Putz bröckelt, sich die Tapete wölbt, es dunkle Stellen an den Wänden gibt oder es muffig riecht, ist wahrscheinlich Schimmel gegeben. Schimmel kann die Gesundheit schädigen. Auf einen längeren Zeitraum betrachtet ist Schimmel zudem in der Lage, die gesamte Gebäudesubstanz zu gefährden. Sollte sich Schimmel abzeichnen, ist eine Fachfirma zur Beseitigung erforderlich.

Risse in Außenfassaden wiederum sind, wenn es sich um kleine und nicht tiefgehende Risse handelt, harmlos. Andere wiederum gefährden die Gebäudesubstanz. Sollten Zweifel an dem Ausmaß eines Risses bestehen, ist umgehend eine Fachperson zu konsultieren. In Holzstrukturen wiederum ist darauf zu achten, ob die Holzkonstruktion noch vollständig erscheint. Sind in Holzbalken Lücken vorhanden, besteht die Gefahr, dass ein Hausschwamm vorhanden ist, der die Holzstrukturen zersetzt.

# Zusammenfassung: Renditestarke Immobilien in gutem Zustand sind das Ziel!

Anleger haben auf der Suche nach einem geeigneten Investment Immobilien zu finden, die erst am Anfang des Wachstums stehen. Die Betrachtung und der Vergleich einzelner Städte im Hinblick

---

14 Vgl. Hebisch, B.: Immobilien richtig besichtigen, 2018. S. 32ff

auf Preisentwicklung und Mietspiegel gibt Aufschluss darüber, in welcher der Städte sich mit einem Minimum an Kapital das Maximum an Ertrag herausholen lässt. Der beispielhafte Vergleich von München und Dresden hat gezeigt, dass Städte wie München, die bereits medial durch hohe Kaufpreise und Mieten auf sich aufmerksam machen, einen hohen Einsatz an Eigenkapital zur Investition verlangen und die Ungewissheit mit sich bringen, wie viel Wachstumspotenzial noch möglich ist. Dementsprechend ist nach Städten Ausschau zu halten, die eine positive Kaufpreis- und Mietspiegelentwicklung einbringen, aber aktuell noch am Anfang des Wachstums stehen. Solche Städte erkennen Anleger an den im Vergleich zu Big Cities geringeren Mieten sowie Kaufpreisen. Dennoch muss sich eine konstante und positive Entwicklung abzeichnen. Nach der Festlegung auf eine Auswahl an Städten werden diese Städte hinsichtlich einzelner Stadtteile untersucht. Die Stadtteile, die möglichst zentral gelegen oder gut ans Zentrum angebunden und belebt sind, viele öffentliche Einrichtungen, Grünanlagen und Freizeiteinrichtungen aufweisen sowie sich positiv entwickelnde Kaufpreise und Mietspiegel einbringen, sind für ein Investment die geeignetste Wahl. Zum Verkauf stehende und in den ausgewählten Stadtteilen befindliche Immobilien werden ausgesucht und durch das Ertragswertverfahren in Bezug auf den Kaufpreis überprüft. Rentiert sich das Investment rechnerisch, wird eine Besichtigung vereinbart. Diese wird wahlweise gemeinsam mit einem Gutachter durchgeführt, dessen Dienstleistung kostenpflichtig ist, oder allein. Bei einer alleinigen Durchführung ist das Gebäude in jeder Ecke auf Feuchtigkeit, Risse und anderweitige schädigende Einflüsse zu überprüfen. Der Energieausweis ist einzuholen, der idealerweise eine hohe Energieeffizienzklasse preisgibt.

## 2. Schritt: Finanzierungsplanung

Das folgende Drei-Schritt-Verfahren vermittelt die Umsetzung einer Finanzierungsplanung für den Erwerb einer Immobilie. Die drei Schritte sind in einer flexiblen Reihenfolge praktizierbar, weswegen die Schrittfolge nicht als starres Konstrukt zu verstehen ist. Mit der vermittelten strukturierten Vorgehensweise wird die Fähigkeit gegeben, Sicherheit und Nachhaltigkeit in die Kapitalanlage zu bringen. Im Anschluss an das Drei-Schritt-Verfahren folgt eine detaillierte Auseinandersetzung mit den laufenden Kosten einer Finanzierung. Diese sind bereits aus dem ersten Buch der Reihe bekannt, werden in diesem Werk jedoch vertieft, um bei der Finanzierung die richtige Entscheidung zu treffen.

## 1. Schritt: Wie hoch ist der Bedarf für die jeweilige Immobilie?

Der Finanzierungsbedarf für Immobilien ist bei Bau- und Kaufvorhaben verschieden. Im Falle eines Bauvorhabens warten mit den Baukosten für Gebäude und Außenanlagen, Erschließungs- und Vermessungskosten sowie weiteren Posten finanzielle Aufwände, die sich beim Kauf einer Immobilie nicht ergeben. Da eine Kapitalanlage der Definition nach einen möglichst geringen Eigenaufwand erfordert und kein Bauvorhaben vorsieht, wird im Folgenden nur auf die Kaufvorhaben eingegangen.

## *Kaufkosten*

Folgende Posten sind in die Errechnung des Finanzierungsbedarfs bei einem Kaufvorhaben einzubeziehen:

◆ Kaufpreis der Immobilie

◆ Modernisierungskosten

◆ Grunderwerbssteuer

◆ Maklergebühren

◆ Notarkosten

◆ Gebühren für die Grundbucheintragung

Der Kaufpreis der Immobilie ist dem Exposee zu entnehmen. Bei älteren Objekten können Modernisierungen, Sanierungen oder Renovierungen notwendig sein, damit eine Vermietung überhaupt möglich ist. Diese gilt es, in den Kaufpreis der Immobilie einzukalkulieren. Eine Schätzung der Modernisierungskosten ist nur durch Fachpersonen wie Bausachverständige zuverlässig. Die Kosten für diese Fachpersonen sind variabel, werden im Folgenden pauschal jedoch mit 1.000 € angesetzt. Aus einer Begutachtung ergibt sich der Modernisierungsbedarf samt -kosten.

Die Grunderwerbssteuer ist eine konkrete Größe, die von Bundesland zu Bundesland variiert:

| Bundesland | Steuersatz (in Relation zum Kaufpreis) |
|---|---|
| Baden-Württemberg | 5 % |
| Bayern | 3,5 % |
| Berlin | 6 % |
| Brandenburg | 6,5 % |
| Bremen | 5 % |
| Hamburg | 4,5 % |
| Hessen | 6 % |
| Mecklenburg-Vorpommern | 6 % |
| Niedersachsen | 5 % |

| | |
|---|---|
| Nordrhein-Westfalen | 6,5 % |
| Rheinland-Pfalz | 5 % |
| Saarland | 6,5 % |
| Sachsen | 3,5 % |
| Sachsen-Anhalt | 5 % |
| Schleswig-Holstein | 6,5 % |
| Thüringen | 6,5 % |

Quelle: immoverkauf24.de[15]

Die Maklergebühren sind bei der Beauftragung eines Maklers zur Mietersuche mehr oder weniger fest definiert: Es gilt die Regel, dass sie maximal zwei Nettokaltmieten zuzüglich Mehrwertsteuer betragen dürfen[16].

Beim Verkauf der Immobilie gelten wiederum andere Provisionssätze. Insgesamt haben sich hier folgende marktübliche Provisionssätze – mit prozentualem Bezug zum Kaufpreis der Immobilie und mit einberechneter Mehrwertsteuer – weitestgehend etabliert:

| Bundesland | Maklerprovision | Anteil Verkäufer | Anteil Käufer |
|---|---|---|---|
| Baden-Württemberg | 7,14 % | 3,57 % | 3,57 % |
| Bayern | 7,14 % | 3,57 % | 3,57 % |
| Berlin | 7,14 % | 0 % | 7,14 % |
| Brandenburg | 7,14 % | 0 % | 7,14 % |
| Bremen | 5,95 % | 0 % | 5,95 % |
| Hamburg | 6,25 % | 0 % | 6,25 % |
| Hessen | 5,95 % | 0 % | 5,95 % |
| Mecklenburg-Vorpommern | 5,95 % | 2,38 % | 3,57 % |

---

[15] Vgl. https://www.immoverkauf24.de/immobilienverkauf/immobilien-verkauf-a-z/grunderwerbsteuer/
[16] Vgl. https://www.immoverkauf24.de/immobilienmakler/maklerprovision/#hausverkauf-check-3

| Niedersachsen | 7,14 % / 4,76 – 6,95 % | 3,57 % / 0% | 3,57 % / 4,76 – 5,95 % |
|---|---|---|---|
| Nordrhein-Westfalen | 7,14 % | 3,57 % | 3,57 % |
| Rheinland-Pfalz | 7,14 % | 3,57 % | 3,57 % |
| Saarland | 7,14 % | 3,57 % | 3,57 % |
| Sachsen | 7,14 % | 3,57 % | 3,57 % |
| Sachsen-Anhalt | 7,14 % | 3,57 % | 3,57 % |
| Schleswig-Holstein | 7,14 % | 3,57 % | 3,57 % |
| Thüringen | 7,14 % | 3,57 % | 3,57 % |

Quelle: immoverkauf24.de[17]

In Niedersachen variieren die Provisionen regionalbezogen. Im in Nordrhein-Westfalen gelegenen Münster gibt es bis zu 4,75 % Provision für den Käufer. Der Kreis Mainz-Bingen in Rheinland-Pfalz sieht eine 5,95 %-ige Käuferprovision vor, ebenso wie Westthüringen.

Die Beträge, die der Notar für seine Leistung in Rechnung stellen darf, sind im Gerichts- und Notarkostengesetz (GNotKG) aufgeführt. Sie variieren somit nicht nach dem Aufwand und der Anzahl der Termine beim Notar. Weil der Notar die Eintragung ins Grundbuch vornimmt, rechnet dieser ebenso die Gebühren für die Grundbucheintragung ab. Der Erfahrung nach sind Käufer in ihrer Finanzierungsplanung gut beraten, wenn sie die Kosten für Notar und Grundbucheintragung mit 2 % des Kaufpreises schätzen, was bereits die 19 % Mehrwertsteuer für die Leistung des Notars inkludiert.

**Beispielrechnung 1: Kaufkosten für eine Immobilie in Bremen**
*Der Käufer erwirbt eine Immobilie für 105.000 €. Es handelt sich um ein vierzig Jahre altes Objekt, weswegen mit höheren Modernisierungskosten gerechnet wird.*

♦ *Kaufpreis: 105.000 €*

---

[17] Vgl. https://www.immoverkauf24.de/immobilienmakler/maklerprovision/#hausverkauf-check-3

- *Modernisierungskosten inkl. Sachbeauftragter: 3.500 € (pauschale Schätzung)*

- *Grunderwerbsteuer: 5 % von 105.000 € = 0,05 x 105.000 € = 5.250 €*

- *Maklergebühren: 0 €, da der Verkäufer diese tragen muss*

- *Notarkosten inkl. Grundbucheintragung: 2 % von 105.000 € = 0,02 x 105.000 € = 2.100 €*

*Sämtliche Kosten werden zusammenaddiert und machen den ersten Aspekt des Finanzierungsbedarfs, die Kaufkosten, komplett: 105.000 € + 3.500 € + 5.250 € + 2.100 € = 115.850 €.*

**Beispielrechnung 2: Kaufkosten für eine Immobilie in Münster**
*Der Käufer erwirbt eine Immobilie für 187.000 €. Aufgrund der Tatsache, dass die Immobilie vor fünf Jahren neu erbaut wurde, werden unter den Modernisierungskosten 700 € für die Reparatur eines in Mitleidenschaft gezogenen Fußbodenabschnitts veranschlagt. Der Käufer verzichtet auf einen Sachbeauftragten und lässt einen Handwerker die Maßnahme durchführen.*

- *Kaufpreis: 187.000 €*

- *Modernisierungskosten: 700 € (pauschale Schätzung)*

- *Grunderwerbsteuer: 6,5 % von 187.000 € = 0,065 x 187.000 € = 12.155 €*

- *Maklergebühren: 4,75 % (speziell in Münster) = 0,0475 x 187.000 € = 8.882,50 €*

- *Notarkosten inkl. Grundbucheintragung: 2 % von 187.000 € = 0,02 x 187.000 € = 3.740 €*

*Erneut werden sämtliche Kosten addiert und machen den ersten Aspekt des Finanzierungsbedarfs, die Kaufkosten, komplett: 187.000 € + 700 € + 12.155 € + 8.882,50 € + 3.740 € = 212.477,50 €.*

## Finanzierungskosten

Kosten für die Finanzierung ergeben sich daraus, dass sich die Bank für die Vergabe des Kredits absichern möchte. Dies tut sie in Form einer Hypothek oder einer Grundschuld. Die Eintragung der Hypothek bzw. Grundschuld erfolgt über einen Notar und das Grundbuchamt. Beides kostet Geld. Mit der Eintragung einer Hypothek oder Grundschuld erhält die Bank in Höhe der Darlehenssumme das Grundpfandrecht. Sollte der Kreditnehmer nicht imstande sein, den Kredit zu tilgen, darf auf diesem Wege eine Zwangsversteigerung eingeleitet werden.[18]

## Hinweis!

Zwar ist häufig von Hypotheken die Rede, doch kommt meistens zur Absicherung die Eintragung einer Grundschuld zum Einsatz. Grund dafür ist, dass Grundschulden für die Bank mit weniger juristischen Komplikationen verbunden sind, wenn es zu Zwangsversteigerungen kommt.

Für die Finanzierungskosten lassen sich pauschal 0,5 % des Darlehensvolumens ansetzen. Hierbei zählt nicht der Objektpreis, sondern die Kreditsumme, die die Bank dem Käufer zur Verfügung stellt.

**Beispielrechnung 1: Finanzierungskosten für eine Immobilie in Bremen**

*Es sei erneut von der Immobilie in Bremen für 105.000 € ausgegangen. Die Kaufnebenkosten muss der Käufer stets durch das Eigenkapital finanzieren, ebenso die Modernisierungskosten. Er erhält dafür den vollen Kaufbetrag für die Immobilie. Nun werden 0,5 % der Darlehenssumme pauschal als Finanzierungskosten angesetzt, wobei die Darlehenssumme dem Kaufpreis entspricht: 0,5 % von 105.000 € = 0,005 x 105.000 € = 525 €.*

**Beispielrechnung 2: Finanzierungskosten für eine Immobilie in Münster**

*Der Käufer nimmt eine Finanzierung für seine im Kaufpreis 187.000 € teure Immobilie in Münster in Anspruch. Erneut werden die Nebenkosten durchs Eigenkapital getragen. Darüber hinaus bringt der Käufer ein Eigenkapital in Höhe von 50.000 € in den Kaufpreis der Immobilie ein.*

---

[18] Vgl. Hammer, T.: Meine Immobilie finanzieren, S. 48 ff

*Dementsprechend benötigt er ein Darlehen, das über die verbleibenden 137.000 € des Kaufpreises der Immobilie geht. In diesem Fall entspricht die Darlehenssumme nicht dem Kaufpreis der Immobilie, sondern wird mit 0,5 % der 137.000 € angesetzt: 0,5% von 137.000 € = 0,005 x 137.000 € = 685 €.*

## Gesamtkosten des Kaufs

Die Gesamtkosten ergeben sich aus der Addition beider Posten. Im Falle der Immobilie in Bremen sind es 115.850 € + 525 € = 116.375 € und bei der Münster-Immobilie 212.477,50 € + 685 € = 213.162,50 €.

Bei einem Bauvorhaben anstelle eines fertigen Kaufs kämen aufgrund der Handwerker Beiträge zur Berufsgenossenschaft hinzu. Bei einem Kauf zur Eigennutzung würde man die Möbel und eventuellen Umzugskosten hinzukalkulieren. Doch der Kapitalanleger ist beim Kauf einer existierenden Wohnung zur Vermietung denkbar komfortabel positioniert.

## Eigenkapital ermitteln

Nachdem die Kosten errechnet wurden, ist diesen das verfügbare Eigenkapital gegenüberzustellen. „Verfügbar" meint in diesem Kontext einerseits das, was der Käufer insgesamt besitzt, andererseits auch das, was er bereit ist, auszugeben. Nicht selten sind Käufer in der Lage, bis zu 50.000 € Eigenkapital einzubringen, verzichten aber darauf. Mögliche Gründe hierfür sind, dass die Bank die Zinskonditionen durch das Einbringen des Eigenkapitals nur geringfügig verbessert, sodass lieber die 50.000 € einbehalten werden. Ebenso ist denkbar, dass der Kapitalanleger das Eigenkapital für anderweitige Zwecke aufbringen oder als Sicherheit einbehalten möchte.

Aber gehen wir Schritt für Schritt vor:

1. Wie viel Geld befindet sich auf dem Konto/den Konten?

2. Welches Sparguthaben hat der Anleger?

3. Auf welchen Wert beläuft sich das Wertpapiervermögen?

4. Habe ich Sachwerte, die ich in liquide Mittel umwandeln kann, oder die die Bank annimmt?

5. Kann ich Verträge auflösen und daraus Geld erlösen?

Geld, das sich auf dem Konto befindet, gehört den Barmitteln an. Sparguthaben kann in Form von Sparbüchern, Tagesgeldkonten und ähnlichen Formen vorliegen. Wertpapiere sind zum aktuellen Kurswert anzusetzen, müssen jedoch verkauft werden, um als Eigenkapital bei der Bank eingebracht zu werden. Sollten beim Verkauf von Wertpapieren Gewinne in Relation zum Ankaufspreis resultieren, muss berücksichtigt werden, dass am Ende des Jahres in der Einkommenssteuererklärung 25 % der Erträge aufgrund der Kapitalertragssteuer versteuert werden müssen. Sachwerte, die sich in liquide Mittel umwandeln lassen, sind Sammlungen oder Fahrzeuge. Wird der Sportwagen nicht mehr benötigt oder wurde er geerbt und nie gefahren, so ist der Verkauf möglich, um Barmittel zu generieren. Sachwerte, die die Bank zum aktuellen Kurswert annimmt, sind Gold- und weitere Edelmetallreserven. Verträge, die sich auflösen lassen, um daraus bares Geld zu gewinnen, sind beispielsweise private Renten- und Lebensversicherungsverträge. Diese werfen in der Regel aufgrund der Niedrigzinsphase keine Gewinne, sondern eher Verluste ab. Das erste Buch dieser Reihe illustrierte, wie renditestark eine Immobilie im Vergleich zu privaten Versicherungen ist. Es macht Sinn, solche Verträge aufzulösen. Ausnahme sind private Renten- und Lebensversicherungen, die ein Jahr oder weniger vor der regulären Beendigung stehen. Hier macht es Sinn, den Immobilienkauf aufzuschieben, da ein kurz vor Vertragsende aufgelöster Vertrag einen finanziellen Aufwand mit sich bringt, der sich nicht rentiert. Durch eine reguläre Auszahlung zum vertraglich festgelegten Laufzeitende des Vertrags profitieren Personen nämlich von der vollen Prämienauszahlung.

## Hinweis!

Bereits vorhandener Immobilienbesitz verleiht der Bank Sicherheit. Er vereinfacht nach dem Prinzip der Immobilienabsicherung sogar die Finanzierung. Allerdings eignet sich Immobilienbesitz nicht als Nachweis von Eigenkapital. Hierfür müsste die Immobilie verkauft werden, woraufhin Geld aufs Konto fließt. Dies macht nur dann Sinn, wenn die bereits im Besitz befindliche Immobilie nicht lohnend ist und leer steht. Vor allem abgelegene und marode Gebäude lassen sich zugunsten der Finanzierung neuer Immobilien verkaufen.

Das gesamte Vermögen, welches sich in Eigenkapital umwandeln lässt, abzüglich der eingeplanten Reserven für unvorhersehbare Ausgaben oder das eigene Privatleben, bildet schließlich das für den Immobilienkauf verfügbare Eigenkapital.

**Beispielrechnung 1: Verfügbares Eigenkapital für den Käufer der Immobilie in Bremen**
*Die Gesamtkosten des Kaufs belaufen sich für den Käufer bei der Immobilie in Bremen auf 116.375 €. Er bringt folgendes Eigenkapital ein:*

◆ *Kontostand: 32.000 €*

◆ *Sparguthaben: Nicht vorhanden*

◆ *Wertpapiervermögen: 3.700 €*

◆ *Goldvermögen: 530 €*

◆ *Verträge: Nicht vorhanden*

*Das Goldvermögen möchte der Käufer einbehalten. Es ergeben sich somit durch den Kontostand und das Wertpapiervermögen 35.700 € Eigenkapital. Abzüglich der geplanten Reserven in Höhe von 16.000 € steht ein Eigenkapital von 19.700 € zubuche.*

### Beispielrechnung 2: Verfügbares Eigenkapital für den Käufer der Immobilie in Münster

*Die Gesamtkosten des Kaufs belaufen sich für den Käufer der Immobilie in Münster auf 213.162,50 €. Er bringt folgendes Eigenkapital ein:*

- *Kontostand: 70.000 €*

- *Sparguthaben: nicht vorhanden*

- *Wertpapiervermögen: 15.000 €*

- *Goldvermögen: Nicht vorhanden*

- *Verträge: 35.000 €*

*Da der Käufer seinen privaten Altersvorsorgevertrag, der fondsbasiert ist und eine gute Rendite in Aussicht stellt, behält, aber das Wertpapierdepot auflöst, kann er mit einem Eigenkapital von 85.000 € rechnen. Da jedoch 3.000 € des Wertpapiervermögens reiner Gewinn gegenüber dem Ankaufspreis sind, muss er darauf 25 % Kapitalertragssteuer zahlen. Diese behält er ein. 25 % Kapitalertragssteuer auf die 3.000 € Gewinn entsprechen 0,25 x 3.000 € = 750 €. Diese muss er von den 15.000 € Wertpapiervermögen subtrahieren, da sie als Anteil der Steuern vom Gewinn anfallen. Somit reduziert sich das Eigenkapital von den 85.000 € ohne Kapitalertragssteuer auf 84.250 €. Davon behält der Käufer 10.000 € als Reserve ein, da er davon ausgeht, dass bei dem Neubau so schnell keine unvorhergesehenen Kostenfaktoren eintreten werden. Abzüglich der geplanten Reserven steht ein Eigenkapital von 74.250 € zubuche.*

## Finanzierungsbedarf festlegen

Der Finanzierungsbedarf ergibt sich als Differenz aus den Gesamtkosten des Kaufs und dem Eigenkapital. Dabei ist jedoch zu berücksichtigen, dass ein Teil des Eigenkapitals für die Nebenkosten zurückzulegen ist. Somit sind die Rechnungen noch nicht am Ende. Fahren wir fort mit den beiden Beispielen aus Münster und Bremen.

### Beispielrechnung 1: Finanzierungsbedarf für den Käufer der Immobilie in Bremen

*Das Eigenkapital in Höhe von 19.700 € deckt weniger als das Doppelte der Nebenkosten ab. Der Käufer kann nach Abzug der Nebenkosten, die sich auf 10.850 € belaufen, lediglich 8.850 € an Eigenkapital vom Kaufpreis der Immobilie in Höhe von 105.000 € aufbringen. Da dies der Bank nicht genug ist, um die Zinskosten attraktiv zu reduzieren, darf er das komplette Eigenkapital einbehalten und eine Darlehenssumme über die 105.000 € in Anspruch nehmen. Es steht ihm frei, die 8.850 € einzubringen, allerdings lohnt sich dies nur, wenn die Zinskosten attraktiv gesenkt werden. Dies ist hier nicht gegeben, sodass der Käufer mehr Eigenkapital einbehält und dadurch größere Sicherheitsrücklagen hat.*

**Beispielrechnung 2: Finanzierungsbedarf für den Käufer der Immobilie in Münster**

*Die Kaufnebenkosten liegen im Falle des Käufers in Münster bei 25.477,50 €. Diese werden vom Eigenkapital in Höhe von 74.250 € abgezogen. Es ergeben sich 48.772,50 €, die er in den Kaufpreis der Immobilie in Höhe von 187.000 € einbringen kann. Das sind bereits nach Abzug der Nebenkosten mehr als 25 % des gesamten Kaufpreises. In diesem Fall wird sich die Bank bereit zeigen, ein attraktives Zinsangebot für den Kunden zu schnüren. Der Kunde bringt somit das Eigenkapital ein, erhält günstigere Konditionen bei einem kürzer laufenden Kredit und behält seine Rücklagen in Höhe von 10.000 €, die er zur Sicherheit vorgesehen hatte.*

## Hinweis!

Wann es sich lohnt, das Eigenkapital einzubringen und wann die Bank die Zinskosten spürbar sowie lukrativ reduziert, hängt von den Umständen, dem Käufer und den Bankangestellten ab. Viele Faktoren sind hier im Spiel. Grundsätzlich ist es angeraten, sich je nach eigenen Möglichkeiten mehrere verschiedene Angebote einzuholen – einmal mit, einmal ohne Eigenkapital, eventuell mit variierenden Eigenkapitalbeträgen. So ist ein umfangreicher Vergleich der Konditionen bei verschiedenen Banken möglich.

# 2. Schritt: Wie hoch ist die persönliche finanzielle Belastbarkeit?

Die persönliche finanzielle Belastbarkeit definiert die Kreditlaufzeit. Darüber hinaus entscheidet diese Größe, ob eine Finanzierung überhaupt möglich ist. Grundsätzlich wollen die Banken von Alleinstehenden ohne Kinder 2.000 € monatliches Netto-Einkommen bei einem unbefristeten Angestelltenverhältnis nachgewiesen haben. Seit drei Monaten sollte der Käufer angestellt sein. In Sonderfällen reichen 1.800 € netto pro Monat aus. Hier sind ein guter Draht zu Bankangestellten sowie das sonstige Auftreten entscheidend. Bei Verheirateten und Selbstständigen gestalten sich die Anforderungen der Bank merklich anders. Ist der Ehepartner ebenfalls angestellt, wird das Einkommen beider Ehepartner zusammengetragen und darf geringer als 1.800 € pro Person ausfallen. Dies ist im Einzelfall zu bewerten. Selbstständige benötigen mindestens drei jährliche Steuererklärungen, die deutliche Gewinne ausweisen und auf eine stabile Zukunft schließen lassen. Darüber hinaus sind beim Selbstständigen ein Eigenkapital von mindestens 30 % des Kaufpreises und das erforderliche Kapital für die Nebenkosten des Kaufs gefordert. Sind diese Voraussetzungen gegeben, beginnt die Rechenarbeit.

## *Monatliche Einnahmen und Ausgaben gegenüberstellen*

Auf der einen Seite werden die monatlichen Einnahmen aufgeführt. Diese bestehen aus sämtlichen regelmäßigen Einnahmequellen und sind Netto angegeben: Hierunter fällt definitiv das Nettoeinkommen, ob allein oder das der Ehepaars. Eventuell kommen Kindergeld und bereits vorhandene Mieteinkünfte hinzu.

Auf der anderen Seite folgt eine Aufzählung der Ausgaben, die bereits umfangreicher ist, weil sich hier in der Regel viele kleinere Posten einschleichen:

- ♦ Haushaltsausgaben: Lebensmittel, Pflegeprodukte, Kleidung und ein Pauschbetrag für spontane Neuanschaffungen

♦ Gebühren für Strom, Wasser, Rundfunk, Müllabfuhr und sonstige im Zusammenhang mit der Wohnung stehende Ausgaben

♦ Mietausgaben

♦ Versicherungskosten

♦ Kosten fürs Auto (Steuern, Sprit)

♦ Ausgaben für Hobbies und Unterhaltung

♦ Neue Kosten bei Immobilienkauf (Versicherungen, Grundsteuer, Instandhaltungsrücklagen)

Die Differenz aus den Einnahmen und Ausgaben bildet die monatliche finanzielle Belastbarkeit. Unter Umständen lassen sich Kosten einsparen. Werden beispielsweise selten oder gar nicht genutzte Abonnements aufgelöst, sind bis zu 100 € monatlicher Ersparnisse möglich. Bei dem Verkauf eines von zwei Autos wird zum einen Eigenkapital generiert, zum anderen werden die monatlichen Haltungskosten für den Wagen sowie die Spritkosten und eventuelle Reparaturkosten eingespart.

**Beispielrechnung 1: Alleinstehender möchte Immobilie kaufen**
*Tom K. verzeichnet monatliche Nettoeinnahmen in Höhe von 2.300 €. Er ist seit 3 Jahren im Angestelltenverhältnis und unbefristet angestellt. Ansonsten hat er keine Einkünfte und auch keine bestehenden Immobilien. Da er allein lebt und schon lange eine Immobilie kaufen möchte, um für das Alter und eine Familiengründung vorzusorgen, lebt es äußerst sparsam. Er verzeichnet folgende Monatsausgaben:*

♦ *Haushaltsausgaben: 380 €*

♦ *Gebühren für Strom, Wasser, etc.: 270 €*

♦ *Mietausgaben: 420 €*

♦ *Versicherungskosten: 30 €*

♦ *Kosten fürs Auto: 190 €*

♦ *Ausgaben für Hobbies und Unterhaltung: 120 €*

♦ *Neue Kosten bei Immobilienkauf: 320 €*

*Insgesamt kommen Kosten von ca. 1.730 € zustande. Durch hohe monatliche Ausgaben beläuft sich seine monatliche finanzielle Belastbarkeit auf 2.300 € - 1730 € = 570 €.*

### Beispielrechnung Nr. 2: Ehepaar möchte Immobilie kaufen

*Das Ehepaar Klaus F. und Anna D. verdient gemeinsam 3.700 € monatlich netto. Beide sind seit mehr als zwei Jahren in ihren Jobs angestellt. Sie verzeichnen den Zugang von 190 € Kindergeld monatlich für ihr Kind. Sonstige Einkünfte und sonstiges Vermögen – weder durch Immobilien noch in anderen Formen – sind nicht gegeben. Die dreiköpfige Familie kommt auf Einnahmen von 3.890 € netto monatlich inklusive des Kindergeldes. Auf der Ausgabenseite stehen:*

- ◆ *Haushaltsausgaben: 670 €*

- ◆ *Gebühren für Strom, Wasser, etc.: 350 €*

- ◆ *Mietausgaben: 580 €*

- ◆ *Versicherungskosten: 90 €*

- ◆ *Kosten fürs Auto: 210 €*

- ◆ *Ausgaben für Hobbies und Unterhaltung: 260 €*

- ◆ *Neue Kosten bei Immobilienkauf: 380 €*

*Ausgaben von 2.540 € stehen Einnahmen von 3.890 € gegenüber. Daraus folgt die monatliche Belastbarkeit in Höhe von 3.890 € – 2.540 € = 1.350 €.*

## *Wie viel Kredit wird gewährt?*

Die Höhe der monatlichen Belastbarkeit hat einen Einfluss darauf, in welcher Höhe überhaupt Darlehen gewährt werden. Es existiert folgende Formel, mit der errechnet werden kann, wie hoch die gewährte Darlehenssumme maximal sein kann:

$$M\ddot{o}gliche\ Darlehenssumme = \frac{Belastbarkeitsgrenze\ in\ \text{€} \times 12\ Monate \times 100\ \%}{Zinssatz\ in\ \% \times Tilgung\ in\ \%}$$

Betrachten wir die Rechnung anhand der Kreditnehmer Tom K. sowie des Ehepaares Klaus F. und Anna D.

### Beispielrechnung Nr. 1: Tom K. ermittelt seine maximale Darlehenssumme

*Da es klug ist, Sicherheiten einzubehalten, rechnet Tom K. mit 500 € anstelle der gerade so möglichen 570 €. Nun strebt er eine knapp 30-jährige Laufzeit der Finanzierung an. Die Bank macht ihm ein Angebot über 33 Jahre und 4 Monate Tilgung zu einem Tilgungssatz von 3 % jährlich. Der Zins liegt bei 2,32 %. Durch Einsetzen der Zahlen in die Formel ergibt sich:*

$$\text{Mögliche Darlehenssumme} = \frac{\text{Belastbarkeitsgrenze in € } \times 12 \text{ Monate} \times 100 \text{ \%}}{\text{Zinssatz in \% } \times \text{Tilgung in \%}}$$

$$\text{Mögliche Darlehenssumme} = \frac{500 \text{ € } \times 12 \times 100 \text{ \%}}{2,32 \text{ \% } \times 3 \text{ \%}}$$

$$\text{Mögliche Darlehenssumme} = 86.206,90 \text{ €}$$

### Beispielrechnung Nr. 2: Klaus F. und Anna D. ermitteln ihre maximale Darlehenssumme

Auch Klaus F. und Anna D. planen Sicherheiten ein, nämlich 350 € monatlich, womit exakt 1.000 € zur Finanzierung verbleiben. Da sie für eine dreiköpfige Familie verantwortlich zeichnen, sind die Sicherheiten großzügig kalkuliert. Sie möchten sich maximal 20 Jahre an einen Kredit binden, da es ihnen widerstrebt, sich langfristig finanziellen Verpflichtungen zu unterwerfen. Auch bringen sie zu zweit eine hohe Zahlkraft mit. Sie tilgen dafür mit 4 % und bringen ein Eigenkapital von 30.000 € in den Kauf ein. Dies verschafft ihnen günstigere Zinskonditionen.

$$\textit{Mögliche Darlehenssumme} = \frac{\textit{Belastbarkeitsgrenze in € × 12 Monate × 100 \%}}{\textit{Zinssatz in \% × Tilgung in \%}}$$

$$\textit{Mögliche Darlehenssumme} = \frac{1.000 \text{ € × 12 × 100 \%}}{2,62 \text{ \% × 4 \%}}$$

$$\textit{Mögliche Darlehenssumme} = 114.503,82 \text{ €}$$

## Hinweis!

Es handelt sich lediglich um ungefähre Angaben, die sich durch individuelle Angebote der Bank verändern. Ebenso ist es nicht üblich, die Zinsbindung für den kompletten Zeitraum der Finanzierung anzugeben. Es folgt in der Regel eine feste Zinsbindung für zehn bis zwanzig Jahre. Daraufhin folgt eine Anschlussfinanzierung bei derselben oder einer anderen Bank.

# 3. Schritt: Wie ist eine umfangreiche finanzielle Absicherung aufgebaut?

Kapitalanleger, die erkannt haben, dass die gesetzliche Rentenversicherung allein keine Stütze im Alter sein kann und in Immobilien investieren, machen bereits einen richtigen Schritt. Kapitalanleger, die erkennen, dass bereits vor dem Rentenalter eine Berufsunfähigkeit oder ein anderes Unglück eintreten können, machen einen weiteren wichtigen Schritt.

Es kursiert weit verbreitet in den Medien die Behauptung, dass jeder vierte Deutsche berufsunfähig wird. Die Aktuarvereinigung unterzog diese These einer Prüfung und traf dieselbe Feststellung[19].

---

[19]  Vgl. https://aktuar.de/fachartikelaktuaraktuell/AA44_berufsunfaehigkeit.pdf

*Wer soll die Immobilie finanzieren, wenn kein Geld verdient wird?*

*Eventuell die gesetzliche Rentenversicherung?*

Nein. Die gesetzliche Rentenversicherung zahlt nur dann die volle Erwerbsunfähigkeitsrente, wenn die betroffene Person weniger als drei Stunden am Tag arbeiten kann. Die Krux an dem Gesetz: Es ist unabhängig davon, um welchen Beruf es geht. Ist beispielsweise der Kinderarzt außerstande, seiner ursprünglichen Arbeit nachzugehen, aber fähig, als Nachtwächter zu arbeiten, muss er in die neue Rolle schlüpfen. Unter dieser Gesetzeslage ist die weitere Finanzierung einer Immobilie im Falle einer Erwerbsunfähigkeit ungewiss.

Für eine finanzielle Absicherung des Kreditnehmers und Immobilienkäufers kommen folgende private Versicherungen infrage:

- ◆ Berufsunfähigkeitsversicherung (BU)
- ◆ Risikolebensversicherung (Risikoleben)
- ◆ Arbeitslosenversicherung

## *Berufsunfähigkeitsversicherung*

Die zuvor erwähnte gesetzliche Absicherung für den Fall der Berufsunfähigkeit hat noch einen weiteren Haken: Sie greift nämlich nur, wenn man in jedem Job in Deutschland weniger als drei Stunden arbeiten kann UND zuvor mindestens fünf Jahre berufstätig war. Dies ist insbesondere bei jungen Leuten, gerade nach der Ausbildung oder nach dem Studium, nicht gegeben. Die fehlende private Vorsorge für den Fall der Berufsunfähigkeit ist die größte Lücke im privaten Vorsorgesystem der Deutschen.

Vom Kostenfaktor her schwankt die Berufsunfähigkeitsversicherung zwischen 50 und 150 € monatlich bei den meisten Berufen. Einfluss auf die Kosten nehmen die Ergebnisse der zu beantwortenden Gesundheitsfragen. Der Gesundheitszustand wird je nach Versicherer bis zu fünf Jahre rückwirkend abgefragt. Sämtliche Fragen sind wahrheitsgemäß zu beantworten. Hier ist der Antrag-

stellende selbst in der Verantwortung, selbst die kleinsten Weh-
wehchen aufzuzählen. Denn kommt es zu einer Berufsunfähigkeit
und es stellt sich heraus, dass bezüglich eines für den Eintritt der
Erwerbsunfähigkeit relevanten Faktors bei den Gesundheitsfragen
falsche Angaben gemacht wurden, kann die Versicherungsgesellschaft den Vertrag wegen Versicherungsbetrugs auflösen.

Idealerweise holen sich Kreditnehmer Angebote von mehreren
Versicherern ein. Insbesondere, wenn gesundheitliche Risiken vorhanden sind, kann ein Versicherer, der im Grundtarif am güns-
tigsten erschien, durch die Risikozuschläge plötzlich der teuerste
Anbieter sein.

## Hinweis!

Auch wenn die Berufsunfähigkeitsversicherung ein monatlicher Kostenfaktor ist und vor der Bank zunächst für eine geringere finanzielle
Belastbarkeit sorgt, so nimmt die Bank die Versicherungsverträge in
Augenschein und wird ein positives Fazit ziehen. Denn eine Berufsunfähigkeitsversicherung suggeriert den Bankangestellten eine ge-
wisse Sicherheit. Darüber hinaus erwecken Finanzierungskunden mit
einer durchdachten Absicherung einen Eindruck von Nachhaltigkeit.
Bankangestellte haben das Recht, den persönlichen Eindruck bis zu
einem bestimmten Punkt in die Entscheidung über eine Kreditvergabe miteinzubeziehen.

Sollte eine Berufsunfähigkeitsversicherung erst nach dem Immobilienkauf abgeschlossen werden, ist sie bereits vor dem Kauf als
ein Posten für monatliche Kosten einzukalkulieren.

## Risikolebensversicherung

Die Risikolebensversicherung ist nicht mit der Kapitallebensversi-
cherung zu verwechseln, was häufig passiert. Letztere ist mit einem
Sparplan zu vergleichen, der allerdings keine Absicherung für den
Fall einer Erwerbsunfähigkeit oder den Eintritt eines anderen Un-
glücks darstellt. Dies ist der Risikolebensversicherung vorbehalten,

die ein spezielles Unglück absichert: Den Tod. Insbesondere bei verheirateten Paaren und Kindern macht eine Risikolebensversicherung dahingehend Sinn, als dass eine Summe versichert wird, die zur Zahlung der laufenden Bankkosten ausreicht. Stirbt beispielsweise der Hauptverdiener im Haushalt und hat mit einer Risikolebensversicherung vorgesorgt, so bekommt der Ehepartner bzw. die Familie die versicherte Summe monatlich ausbezahlt.

Die versicherte Summe ist individuell wählbar und darf oberhalb der monatlichen Bankkosten liegen. So ist es möglich, Bankkosten, Lebenshaltungskosten und diverse weitere Kostenpunkte mit der Versicherungssumme abzusichern. Je höher die Versicherungssummen sind, umso höher ist der monatliche Versicherungsbeitrag.

Es existieren auch Risikolebensversicherungsverträge, die fallende Versicherungssummen beinhalten. Dies ist dann sinnvoll, wenn die Bankkosten für die Finanzierung der Immobilie sinken. Die Kosten für die Versicherung lassen sich also im Groben an die Finanzierungskosten der Immobilie anpassen.

## *Private Arbeitslosenversicherung*

Die private Arbeitslosenversicherung wird aus Ansprüchen der Vollständigkeit aufgeführt, ist jedoch keine Empfehlung an Kreditnehmer. Das Problem ist, dass die Leistungen der privaten Arbeitslosenversicherung nur unter strengen Kriterien erfolgen: Es muss eine unverschuldete Arbeitslosigkeit vorliegen (z.B. Insolvenz des Arbeitgebers, betrieblich bedingte Kündigung). Darüber hinaus treten auch in einem solchen Fall die Zahlungen erst mit mehreren Monaten Verspätung ein. In Berufung auf mangelnde Bemühungen des Arbeitslosen stellt die Versicherungsgesellschaft nach spätestens einem bis zwei Jahren die Zahlungen ein, sofern keine neue Anstellung erfolgt. Dementsprechend ist die Private Arbeitslosenversicherung eine Absicherung, die nur kurzfristig – und dann mit mehrmonatiger Verspätung – absichert.

## *Fazit*

Eine private finanzielle Absicherung für Kreditnehmer ist essenziell. Dabei ist von einer privaten Arbeitslosenversicherung unter jedweden Umständen abzuraten. Empfehlenswerte Konstrukte der Absicherung sind die Folgenden:

♦ Kombination von BU und Risikoleben: Allein- und Hauptverdiener in Familien oder Ehen sichern sich und ihre Familie für den Erwerbsunfähigkeits- und Todesfall ab.

♦ BU: Alleinstehende sind ausreichend versorgt.

♦ Risikoleben: Familien und Ehen, in denen jeder einzelne genug für die Deckung der laufenden Kosten verdient, sind mit einer Absicherung für den Todesfall gut beraten. Diese ist sinnvoll, weil die Beerdigung plötzliche Kosten mit bis zu fünfstelligen Beträgen verursacht.

# Die Bankkosten bei einer Finanzierung

Die Bankkosten bei einer Finanzierung mögen in Prozentangaben vermeintlich transparent aufgeführt sein, doch wirklich den Durchblick und das Verständnis dafür behalten die wenigsten Kreditnehmer. Die bisherigen Beispielrechnungen gingen sowohl im ersten Buch der Reihe als auch in diesem Kapitel nur grundlagenbasiert vor. Nun erfolgt eine detaillierte Vorstellung der Kosten und der Auswirkungen einzelner Posten auf die Gesamtkostenstruktur des Kredits.

## *Effektiver Jahreszins*

Der effektive Jahreszins ist die einfachste Größe unter den Zinsen, die nach § 6 PAngV[20] (Preisabgabenverordnung) die jährlichen Gesamtkosten des Kredits in Bezug auf den Nettodarlehensbetrag ausweisen muss. Es sind somit neben dem Nominalzins auch die Kosten für die Kontoführung, die Vermittlung des Kredits und die Restschuldversicherung mit einzubeziehen, die beim Nominalzins

---

[20] Vgl. https://www.juraforum.de/gesetze/pangv/6-verbraucherdarlehen

nicht gegeben sind[21]. Letzten Endes handelt es sich um prozentuale Abweichungen von wenigen Zehntel bis Hundertstel eines Pro-
zents, die sich zwischen dem Nominalzins und dem effektiven Jahreszins ergeben. Sie machen allerdings auf die Jahre gerechnet einige
Tausend Euro aus.

**Was passiert, wenn der effektive Jahreszins zu niedrig angege-
ben ist?**
Dann müssen Nominalzins und Kontoführungsgebühren, Bereit-
stellungszinsen sowie weitere Kostenpunkte gekürzt werden. Es ist
den Banken nicht gestattet, mit den jährlichen Zinsgebühren über
den Zinssatz des effektiven Jahreszinssatzes hinaus zu kommen. Somit ist der effektive Jahreszins im Kreditvergleich die Größe, auf die
sich Kreditnehmer definitiv verlassen dürfen.

## *Nominalzins*

Der Nominalzins wird auch als Sollzins bezeichnet. Banken geben
ihn neben dem effektiven Jahreszins an. Es handelt sich um die Gebühren, die die Bank auf die Vergabe des Nettodarlehens veranschlagt. Einberechnet sind Risikoaufschläge, Opportunitätskosten
sowie wirtschaftliche Spekulationen der Bank[22]. Der Sollzins ist für
Kreditnehmer dahingehend wichtig, als dass zwischen gebundenen
und variablen Sollzinsen unterschieden werden darf. Erstere sind für
den gesamten Zeitraum der Finanzierung fest, während letztere alle
drei Monate neu berechnet und an den Referenzzinssatz angepasst
werden. In Zeiten, in denen die Zinsen zunehmend sinken, hat ein
variabler Sollzins seine Vorteile. Doch bei steigenden Zinsen führt
er zu einer höheren Belastung als zuvor vorgesehen. Für langfristige
Finanzierungen, wie es beim Immobilienkauf der Fall ist, ist eine
Sollzinsbindung die Regel, da sie langfristige Planungssicherheit
verschafft. Dies sollten Kreditnehmer also bevorzugt wählen.

---

[21] Vgl. https://www.rechnungswesen-verstehen.de/lexikon/effekti-
ver-zinssatz.php
[22] Vgl. ebenda

**Beispiel für effektiven Jahreszins und Nominalzins**

*Da ein Beispiel mit einer Immobilie zu umfangreich wäre, wird mit der Finanzierung eines Soundsystems gearbeitet. Dieses illustriert den Unterschied zwischen effektivem Jahreszins und Nominalzins so, dass jeder Kreditnehmer die Unterschiede nachvollziehen können sollte. Es wird von einem gebundenen Sollzinssatz ausgegangen:*

- *Der Kreditnehmer nimmt einen Kredit über 8.000 € für sein Soundsystem auf und bezahlt diesen über eine Laufzeit von 8 Jahren ab.*

- *Der Sollzinssatz bei elektronischen Gegenständen beträgt 6 %, da die Zinsen nicht so lukrativ wie bei Immobilien ausfallen.*

- *Im ersten Jahr werden die Zinsen auf die verbleibende Darlehenssumme angerechnet. Da sie sich noch auf 8.000 € beläuft, ergibt sich für den zu zahlenden Sollzins 8.000 € x 6 % = 8.000 € x 0,06 = 480 €.*

- *Die mit dem Kredit in Verbindung stehende Kontoführung beträgt jedoch 50 € pro Jahr. Diese müssen gezahlt werden. Somit ergeben sich jährliche Kosten in Höhe von 480 € + 50 € = 530 €.*

- *Um nun den effektiven Jahreszins zu errechnen, werden die 8.000 € durch 100 % geteilt. Es ergibt sich 80 € für 1 %. 530 € als jährliche Zinskosten : 80 € ergeben 6,625 %. Dies ist der effektive Jahreszins.*

## *Ja oder Nein zum Disagio?*

Das Disagio ist ein Aufgeld, welches der Kreditnehmer bei einer Finanzierung zahlt. Dieses ist bereits aus dem ersten Buch der Reihe bekannt und dort im Falle von Finanzierungen zur Eigennutzung für nicht empfehlenswert erklärt worden. Vorteile ergeben sich eher bei Finanzierungen von Immobilien als Kapitalanlage, wenn auch hier nur in Sonderfällen. Um Beispiele für den Nutzen eines Disagios zu nennen und Kreditnehmern die Entscheidung über ein Disagio zu erklären, wird eine Rechnung durchgeführt. Aus dieser lässt sich, falls die Inhalte des ersten Buchs unbekannt oder vergessen worden sind, nochmals erschließen, was ein Disagio überhaupt ist. Die Kenntnis über die rechnerische Vorgehensweise wird jedem

Kreditnehmer vereinfachen, selbst zu errechnen, ob ein Disagio in seinem Falle Sinn ergibt.

**Beispielrechnung: Anleger finanziert Immobilie mit 5 % Disagio**

*Die Immobilie, die Hans L. finanzieren lässt, wird mit einem Darlehensbetrag von 80.000 € finanziert. Bei einer Zinsbindung für 30 Jahre und einer Tilgung von 2 % erhält er den effektiven Zinssatz von 2,4 % angeboten. Er entscheidet sich für ein Disagio in Höhe von 5 %, was bedeutet, dass zwar mit einer Darlehenssumme von 80.000 € gerechnet wird, aber 5 % von 80.000 €, also 4.000 € von der Bank einbehalten werden. Der tatsächliche Auszahlungskurs liegt somit bei 76.000 €. Die 5 % bzw. 4.000 € behält die Bank als Vorauszahlung für die Zinsen ein. Dies verschafft der Bank Sicherheit und senkt den effektiven Jahreszins. Dieser liegt nun nicht mehr bei 2,4 % und Zinsen in Höhe von 1.920 € im ersten Jahr, sondern bei 2,1 % und somit 1.680 € im ersten Jahr – 240 € weniger.*

*Nun muss Hans L. noch hochrechnen, wie teuer die gesamte Finanzierung ohne Disagio, und wie teuer sie mit Disagio ist. Ist sie mit Disagio günstiger, ist die Entscheidung für ein Disagio zu befürworten.*

**Hinweis!**

Disagios in Höhe von 5 % bei Finanzierungen mit einer Dauer von mehr als fünf Jahren sind als Werbungskosten direkt steuerlich absetzbar. Dies bedeutet für das durchgeführte Rechenbeispiel, dass Hans L. die 4.000 € Zinsvorauszahlung bzw. Disagio in seiner Einkommensteuererklärung auf einen Schlag hätte steuerlich abziehen dürfen. Disagios, die über die 5-Prozent-Marke hinausgehen, werden hingegen aufgeteilt steuerlich abgesetzt: 5 % im Jahr des Zahlungsvorfalls und die restlichen Prozent auf einen Zinsfestschreibungszeitraum verteilt.

Welcher Zinsfestschreibungszeitraum dies ist und wie sich die steuerliche Abzugsfähigkeit eines Disagios über 5 % gestaltet, ist ein Sonderfall, für den Anleger einen Steuerberater hinzuziehen mögen. Es wird um Verständnis gebeten, dass ein Disagio an sich bereits eine Seltenheit ist und ein über 5 % hinausgehendes Disagio eine noch größere Seltenheit, sodass darauf im vorliegenden Buch nicht mehr eingegangen wird.

## Wichtigste Fragen und Antworten auf einen Blick

### Mit oder ohne Eigenkapital finanzieren?

Ob mit oder ohne Eigenkapital finanziert werden soll, ist eine Frage des eigenen Ermessens und der eigenen finanziellen Möglichkeiten; aber allem voran stellt sich die Frage, ob dadurch die Zinskonditionen verbessert werden. Legt die Bank nach eigenem Befinden überzeugende Konditionen vor, so ist eine Eigenkapitalfinanzierung eine lohnende Option. Ansonsten ist es besser, die Barmittel zu behalten und stattdessen auf eine umfangreichere Absicherung zu setzen.

### Mit oder ohne Disagio finanzieren?

Auch dies ist anhand der beispielhaften Ausführungen und Rechnungen nach der individuellen Situation sowie dem Angebot der Bank zu bewerten. Zudem ist der Aufwand in der Steuererklärung einzukalkulieren: Oberhalb eines Aufgeldes von 5 % ist definitiv ein Steuerberater hinzuziehen, da Sonderregelungen mit dem Finanzamt notwendig werden. Neben dem Zinsfestschreibungszeitraum wird auch beurteilt, in welchem Verhältnis das Disagio zum effektiven Jahreszins steht.

### Gebundener oder variabler Sollzins?

Zur Planungssicherheit ist ein gebundener Sollzins, insbesondere angesichts der günstigen Kreditkonditionen heutzutage, empfohlen. Dann ist auch der effektive Jahreszins gebunden, und die Angebote sind besser untereinander vergleichbar. Grundsätzlich ist der effektive Jahreszins die einzige feste Größe, mit der der Kreditnehmer bei der Finanzierung kalkulieren sollte.

## Mit oder ohne Anschlussfinanzierung?

Anschlussfinanzierungen sind, wenn überhaupt, bei Baufinanzierungen gebräuchlich. Da hier die Rückzahlungszeiträume tendenziell länger als die bei Finanzierungen eines Immobilienkaufs ausfallen, ist es üblich, die Finanzierung bis zu einem bestimmten Zeitraum an einen Sollzins zu binden. Danach wird die Restschuld entweder mit einer Prolongation oder einer Umschuldung zum Anschluss finanziert. Bei einer Prolongation wird eine Anschlussfinanzierung bei dem bisherigen Kreditinstitut abgeschlossen, im Falle einer Umschuldung wir ein neues Kreditinstitut – beispielsweise aufgrund günstigerer Zinskonditionen – ausgesucht.

## Wie berechnen sich die jährlichen Bankkosten?

Die Finanzierung einer Immobilie erfolgt in der Regel über ein Annuitätendarlehen. Hier wird eine Tilgung bestimmt, die einen bestimmten Anteil an der Darlehenssumme hat. Sie liegt bei beispielsweise 2 %. Diese 2 % werden jährlich gezahlt und sind ein fester Betrag. Bei einem Kaufpreis von 100.000 € wären dies 2.000 € pro Jahr. Der effektive Jahreszins ist ebenfalls ein fest definierter Satz, der zum Beispiel bei 2,5 % liegt. Diese 2,5 % haben jedoch mit jedem vergangenen Jahr einen anderen Geldwert, da sie sich auf die verbleibende Restschuld beziehen. Beträgt diese im ersten Jahr noch die vollen 100.000 € und liegen die Zinskosten bei 2.500 €, ist im zweiten Jahr nach erfolgter Tilgung 98.000 € die Restschuld. Hierauf beziehen sich im zweiten Jahr die 2,5 % effektiver Jahreszins, wobei anstelle der 2.500 € nun 2.450 € Zinskosten entstehen. Dies bedeutet, dass mit jedem Jahr der Finanzierung der Anteil der Zinskosten an den Bankkosten sinkt, während der Anteil der Tilgung steigt, bis im letzten Jahr bei verbleibenden 2.000 € 100 % der Restschuld getilgt werden und der effektive Jahreszins Kosten in Höhe von 50 € verursacht. Dementsprechend sind für jedes Jahr die Bankkosten neu zu errechnen.

*Gibt es finanzielle Förderungen für Vermieter?*
Die KfW-Bank (Kredit für Wiederaufbau) ist eine öffentlich-rechtliche Bank, die Gründer, Unternehmer, Privatpersonen und weitere Gruppierungen, wie beispielsweise die Vermieter, fördert. Ob die jeweiligen Vorhaben gefördert werden, hängt dabei von der Einhaltung der definierten KfW-Standards ab. Diese sind vereinzelt äußerst streng, ermöglichen allerdings eine deutliche Aufwertung und Modernisierung von Wohnungen. Auch beim Immobilienkauf werden Vermieter unter Umständen mit günstigen Darlehenskonditionen unterstützt, die die marktüblichen Zinsen unterschreiten. Ob und wie eine Unterstützung infrage kommt, ist auf der Website der KfW[23] selbst zu erkunden oder auf der Kontaktseite der KfW-Website[24] per Mail oder telefonisch bei den Experten zu erfragen.

# Zusammenfassung: Sämtliche Kaufkosten einkalkulieren, persönliche Belastbarkeit einschätzen und absichern!

Die Finanzierungsplanung eines Immobilienkaufs ist bei Weitem kein Hexenwerk. Zunächst gilt es, die Kaufnebenkosten zu ermitteln, von denen die beiden Posten Grunderwerbsteuer und Maklerprovision transparent geregelt und in diesem Kapitel tabellarisch angegeben sind. Damit rechnet der Kapitalanleger. Zwar sind die Notarkosten inkl. der Eintragung ins Grundbuch ebenfalls transparent und in der Gebührenordnung festgesetzt, doch ist es hier einfacher, diesbezüglich mit pauschal 2 % des Kaufpreises für die Immobilie zu rechnen. Ebenso wird bei den Finanzierungskosten mit 0,5 % des Darlehensvolumens ein pauschaler Betrag angesetzt. Die im Folgenden ermittelte persönliche finanzielle Belastbarkeit zeigt zum einen auf, bis zu welchem Kaufpreis eine Immobilie finanziert werden kann. Zum anderen wird auf Basis

---

23  Vgl. https://www.kfw.de/kfw.de.html
24  Vgl. https://www.kfw.de/KfW-Konzern/Kontakt/

dieses maximalen Kaufpreises eine Immobilie ausgesucht. Deren Wert, das Darlehensvolumen und die monatliche Belastbarkeit definieren schließlich die laufenden Kosten der Finanzierung bei der Bank. Zum Vergleich der Bankangebote ist es ausreichend, den effektiven Jahreszins heranzuziehen. Ist es möglich, Eigenkapital einzubringen oder ein Disagio steht zur Debatte, dann ist dies mit der Bank zu besprechen. Anhand des eingebrachten Eigenkapitals oder des Disagios lassen sich die Zinsen unter Umständen auf ein Niveau drücken, sodass sich Eigenkapital oder Disagio lohnt. Nach der Annahme eines Bankangebots ist, sofern nicht bereits geschehen, die eigene Absicherung eine entscheidende Größe. Alleinstehenden Kreditnehmern genügt eine Berufsunfähigkeitsversicherung, während Paare und Familien mit einer Risikolebens- UND einer Berufsunfähigkeitsversicherung des Hauptverdieners am besten beraten sind.

# 3. Schritt:
# Verwaltung und Versicherung

Im Rahmen der Verwaltung ist es erforderlich, sich um die Mieter und die Instandhaltung der Immobilie zu kümmern. Durch einen externen Dienstleister, der dem Besitzer die Verwaltung der Immobilie abnimmt, wird eine vermietete Immobilie überhaupt erst zur Kapitalanlage. Denn Kapitalanlage bedeutet, Geld zu investieren und es für sich – mit möglichst wenigen eigenen Bemühungen – arbeiten zu lassen. Neben der Verwaltung spielen die Versicherungen zum Schutz des Gebäudes sowie des Vermieters eine Rolle. Versicherungen zum Schutz des Gebäudes sind die Wohngebäudeversicherung und eine Versicherung gegen Elementarschäden. Bei Finanzierungen wird zumindest eine Feuerversicherung des Gebäudes von den Banken verlangt, da sie Sicherheit bei der Kreditvergabe verschafft. Sämtliche Versicherungen, die das Gebäude betreffen, sind steuerlich absetzbar. Die Versicherungen, die dem Schutz des Vermieters dienen, sind steuerlich nicht absetzbar. Hier hat allerdings die Gebäudehaftpflichtversicherung eine essenzielle Funktion und ist – den nachteiligen Steuergesetzen zum Trotz – für Vermieter ein Muss.

## Merkmale und Kosten der Verwaltung

Eine Verwaltung kann durch den Vermieter selbst oder durch einen externen Dienstleister erfolgen. In Wohnungseigentümergemeinschaften (WEGs) ist es üblich, dass eine externe Verwaltung herangezogen wird, die den kompletten Wohngebäudekomplex einheitlich verwaltet. Separate Abrechnungen für die Dienstleistung werden an die Vermieter ausgehändigt und gewährleisten Transparenz. Die Dienstleistung der Verwaltung ist steuerlich in vollem Umfang unter den Betriebskosten absetzbar. Sie erspart die eigenen Mühen rund um Buchhaltung und Instandhaltungsrücklagen, die bei einer Verwaltung durch den Vermieter anfallen würden.

## Eigene Verwaltung

Bevor die Wohnung vermietet und bezogen wird, gibt es einige Grundsätze zu beachten, die mit der Verwaltung zusammenhängen. Dabei steht an erster Stelle die Buchführung. Zwar ist ein eigenes Konto bei der Vermietung nicht notwendig, doch es ist aus Gründen der Übersicht empfehlenswert. So werden Steuererklärungen vereinfacht. Zudem profitiert das Finanzamt durch eine bessere Übersicht. Eine übersichtliche Aktenführung rundet die Grundlagen ab.

Für die Buchführung wird im Mietvertrag und in der Steuererklärung das spezielle Vermieterkonto angegeben. Alle Zahlungseingänge sowie -ausgänge laufen über dieses Konto. Parallel dazu wird eine Mappe angelegt, in der tabellarisch oder in einer anderen Form die Einnahmen und Ausgaben für jeden Monat aufgeführt sind. Sollten mehrere Wohnungen vermietet werden, empfiehlt sich für jede Wohnung eine separate Mappe mit Dokumenten. Alternativ sind alle Dokumente in einer Mappe, jedoch in verschiedene Kapitel aufgeteilt, möglich. Übersicht sorgt für klare Verhältnisse und beugt Missverständnissen vor, die beim Finanzamt auftreten können.

### Hinweis!

Eine Miete, die für Dezember fällig ist, aber erst im Januar gezahlt wird, darf – Zahlungszeitpunkt hin oder her – wahlweise in den Monat Dezember oder Januar gebucht werden. Wichtig ist nur, dass die gewählte Vorgehensweise dann konsequent und in jedem Jahr beibehalten wird. Normalerweise sind Zahlungen dem Monat zuzuordnen, dem sie aus wirtschaftlicher Sicht angehören. Regelmäßige Zahlungen wie die Miete bilden eine Ausnahme, da in jedem Jahr zwölf Zahlungen stattfinden.

Sollte es vorkommen, dass der Mieter nicht zahlt, ist folgende Vorgehensweise empfohlen:

1. Zahlungserinnerung: Diese ist nicht notwendig, hat aber einen feineren Ton als eine Mahnung. Unter Umständen hat der Mieter die Zahlung nur vergessen. Direkt eine Mahnung auszusprechen, hätte einen faden Beigeschmack.

2. Mahnung: Diese ist das wahlweise erste oder – nach einer Zahlungserinnerung – zweite Mittel, um die Miete einzufordern. Ein fest definierter Zahlungszeitpunkt sollte angegeben werden.

3. Telefonat oder Besuch: Erfolgt keine Zahlung auf die Mahnung, so ist ein Telefonat oder Besuch eine wirkungsvolle Maßnahme. Hier ist es dem Mieter unmöglich, die Bringschuld zu ignorieren, und es muss eine Rechtfertigung erfolgen.

Mehr als eine Mahnung ist nicht notwendig. Erfolgt nach der ersten Mahnung keine Zahlung und der Mieter ist telefonisch oder persönlich nicht anzutreffen, ist eine schriftliche Mahnung mit der Ankündigung juristischer Schritte und einer festen Zahlungsfrist angeraten. Wird wiederum nicht gezahlt, ist der Anwalt einzuschalten.

Neben den genannten Grundsätzen zu Zahlung und Mahnungen ist die Aktenorganisation von höchster Bedeutung. Die Akten sind dabei nach folgenden zwei Prinzipien zu organisieren: Entweder Sie ordnen jeder Wohnung die Akten zu oder Sie unterteilen die Akten in Kategorien.

**Beispiel für Zuordnung zu Wohnungen:**
*Sie haben zwei Wohnungen zur Vermietung. Jede dieser Wohnungen hat ihre eigenen Dokumente. Es handelt sich neben den Mietverträgen um Unterlagen vom Kauf sowie die Festsetzung der Grundsteuern, um nur einige Beispiele zu nennen. Zudem ist jeder dieser Wohnungen eine separate Buchführung zugeordnet. Alle Akten zu Wohnung 1 wandern in einen separaten Ordner, und alle Akten zu Wohnung 2 ebenso. Die*

*Steuererklärung, die für alle Wohnungen gemeinsam abgegeben wird, ist in einem separaten Ordner und in dem Aktenordner mit Steuerinhalten abzuheften.*

### Beispiel für Einordnung in Kategorien:

*Tamara L. verfügt ebenfalls über zwei Immobilien. Sie bevorzugt es, die Akten in drei Kategorien einzuteilen: Dokumente, Wohnungen und Finanzen. In den Aktenordner mit den Dokumenten kommen sämtliche Versicherungsunterlagen, Grundbuchauszüge, Unterlagen zum Kauf und sonstige Dokumente hinein. Der Ordner „Wohnungen" ist nach den beiden Wohnungen sortiert, wobei der Schriftverkehr mit Mietern, Mietverträge und Renovierungsmaßnahmen sowie weitere Infos zu den Wohnungen aufgeführt werden. Zu guter Letzt beinhaltet der Ordner mit den Finanzen u.a. die Buchhaltung, Steuererklärungen, Steuerbescheide und Rechnungen.*

Selbst zu verwalten, bedeutet allerdings mehr als mit dem Finanzamt im Reinen zu sein und eine Aktenordnung zu pflegen. Es ist darauf Acht zu geben, dass die Wohnung gepflegt wird. Darüber hinaus ist in Gebäuden das Treppenhaus zu reinigen. Winterdienst ist ebenfalls zu leisten.

All diese Pflichten lassen sich auf den Mieter umlagern. Grundlage hierfür bildet ein präzise ausformulierter Mietvertrag, zu dem im nächsten Kapitel *Mietersuche und Pflichten als Vermieter* genaue Erläuterungen erfolgen. Nichtsdestotrotz sind viele im Mietvertrag formulierte Klauseln subjektiv anders auslegbar und lassen Mietern Raum, die genannten Pflichten zu vernachlässigen. Tritt beispielsweise Schimmelpilz auf, muss der Vermieter zunächst beweisen, dass das Bauwerk mängelfrei erstellt ist und es in Zeiten der Vermietung keine Kältebrücken gab[25]. Andernfalls ist das Recht auf der Seite des Mieters.

---

[25] Vgl. Pachowsky, R.: Profi-Handbuch Wohnungs- und Hausverwaltung, S. 89

Somit gilt für den Mietvertrag und dessen Verwaltung: Ja, einem Mieter lassen sich Pflichten auferlegen, die den Vermieter selbst im Grunde genommen komplett von der Arbeit im und am Gebäude befreien. Allerdings ist die Einhaltung dieser Pflichten derart individuell auslegbar, dass darauf vertraut werden muss, dass der Mieter den Pflichten gewissenhaft nachkommt. Dies lässt sich durch die Wahl eines vertrauenswürdigen Mieters beeinflussen, wozu ebenfalls das nächste Kapitel *Mietersuche und Pflichten als Vermieter* Auskunft gibt. Was zudem die Wahrscheinlichkeit für eine gewissenhafte Einhaltung der Mieterpflichten erhöht, ist die Aushändigung von Formblättern oder die Empfehlung von Produkten. Ein Formblatt, welches über die sachgemäße Lüftung und Reinigung aufklärt, ist eine konkrete Hilfe für den Mieter. Gleiches trifft auf Luftreiniger zu. Dies sind Produkte, die die Luft reinigen und zudem vor Staubpartikeln säubern. Dies macht dem Mieter das Leben in der Wohnung sogar angenehmer.

Der ein oder andere Besuch beim Mieter hat das Potenzial, regelrechte Putzorgien auszulösen. Ein Besuch ein bis zwei Mal pro Jahr genügt, um sich einen Eindruck vom baulichen Zustand der Wohnung zu verschaffen. Man bezeichnet dies als Wohnungsbesichtigung. Sie ist dem Mieter 14 Tage im Voraus schriftlich anzukündigen[26]. Sollte der Mieter nicht anwesend sein können, darf erbeten werden, dass er eine andere Person beauftragt, vor Ort anwesend zu sein, um eine Besichtigung zu ermöglichen.

Letzter wesentlicher Aspekt der Verwaltung ist die Hausordnung. Diese ist bei Wohngebäuden mit mehreren Wohnparteien erforderlich, da sie die Pflichten für das Treppenhaus, die Gebäudeumgebung sowie das Zusammenleben unter den Mietern regelt. Eine Hausordnung umfasst zumindest die drei wichtigen Punkte:

- Einhaltung von Ruhezeiten
- Reinigungspflicht
- Winterdienstpflicht

---

[26] Vgl. Pachowsky, R.: Profi-Handbuch für Wohnungs- und Hausverwaltung, S. 88

**Hinweis!**

Kaufen Sie eine Wohnung in einer bereits bestehenden Wohnungs-
eigentümerschaft, dann ist eine Hausordnung bereits vorhanden. Bei
gemeinsamen Sitzungen ist es möglich, durch Mehrheitsbescheide
die Beschlüsse und Regelungen umzuändern. Achtung: Die beschlos-
senen neuen Regelungen gelten nur dann für die Mieter, wenn im
Mietvertrag verankert ist, dass die gefassten Beschlüsse auch für das
Mietverhältnis bindend sind.

Die Ruhezeiten sind individuell zu bestimmen, allerdings den gesellschaftlichen Normen anzupassen, um eine Balance zwischen
Freiraum und Ruhezeiten zu ermöglichen. Integraler Bestandteil
dieser gesellschaftlichen Normen sind eine Nacht-, Mittags- sowie Sonntagsruhe, die mit konkreten Uhrzeiten zu definieren sind.
Zudem ist der Zusatz „Jedwede Form von Ruhestörung ist unter-
sagt." essenziell. Individuell bedingt ist eine präzisere Unterteilung
möglich, die bestimmte Arten der Ruhestörungen (z.B. Rasenmä-
hen, Bohren, Musizieren) weiter einschränkt.

Eine Reinigungspflicht ist schriftlich festzuhalten, verpflichtet
den Mieter allerdings nicht, den Aufforderungen nachzukom-
men. Es handelt sich somit um eine gute Geste, falls der Mieter das Treppenhaus reinigt. Gleiches gilt für die Winterdienstpflicht. Beim Winterdienst gibt es jedoch eine feine Ausnahme:
Der Mieter haftet für Schäden, die aus einem nicht wahrgenom-
menen Winterdienst erfolgen. Bedingung dafür: Es muss in der
Hausordnung oder im Mietvertrag klar verankert sein! Hierbei
ist wichtig, die Reinigungs- und Winterdienstpflicht unter allen Mietern fair aufzuteilen. Sollte die Winterdienstpflicht nicht
über einen Mietvertrag oder die Hausordnung auf den Mieter
umgelagert werden, liegt die Pflicht beim Vermieter oder einer
separat beauftragten Hausverwaltung.

# *Verwaltung durch professionelle Dienstleister*

Ist eine Hausverwaltung in einer Wohnungseigentümergemeinschaft bereits gegeben, ist diesbezüglich alles gesagt. Sind Anleger mit der Verwaltung unzufrieden, müssen sie bis zur nächsten Versammlung warten und einen Wechsel zur Debatte bringen. Sollte die Abstimmung negativ ausfallen, ist der Weg für einen neuen Dienstleister frei, dem jedoch alle Eigentümer im Wohnkomplex zustimmen müssen.

Wann immer ein neuer Dienstleister beauftragt werden soll, ist es abgeraten, dass sich die gesamte Wohnungseigentümergemeinschaft darum kümmert. Dies verursacht insbesondere bei größeren Gemeinschaften eher Verwirrung und Komplikationen. Stellenanzeigen werden doppelt geschaltet und Bewerbungstermine gelegt, sodass die Termine sich ggf. überschneiden. Im Optimalfall wird daher immer ein einzelner Eigentümer oder der aus wenigen Personen bestehende Verwaltungsbeirat beauftragt, um sich um das Scouting neuer Dienstleister zu kümmern. Von nun an sieht die Schrittfolge des/der Verantwortlichen auf der Suche nach einem externen Verwalter wie folgt aus:

1. Einholen von Angeboten: Verwalter finden sich mit einer eigenen Präsenz im Web und lassen sich zu Besichtigungen einladen. Besonderheiten, Aufgabenbereiche und weitere Wünsche rund um die Immobilie sind hier zu äußern, damit die Angebote zuverlässig benannt werden können.

2. Wahl des Verwalters: Aus den Berichten des Verwaltungsbeirates oder des Eigentümers zu den Angeboten und Gesprächen mit den Verwaltern wird bei einer Abstimmung ein Verwalter gewählt.

3. Annahme der Wahl durch den Verwalter

4. Vertragsabschluss zwischen Eigentümergemeinschaft und Verwalter

5. Dienstaufnahme

Quelle: Profi-Handbuch für Wohnungs- und Hausverwaltung (Pachowsky, 2019)[27]

Bezüglich der Kostenfrage seien die Inhalte des ersten Buches dieser Reihe nochmals in Erinnerung gerufen: Bei staatlich gefördertem Mietwohnungsbau darf die Verwaltung maximal 284,63 € pro Jahr für eine Wohnung und 37,12 € für einen Garagenstellplatz verlangen[28]. Bei nicht staatlich gefördertem Wohnungsraum weichen die Zahlen nur geringfügig ab.

Die Aufgaben der Verwaltung sind mitunter in § 21 Absatz 5 WEG[29] geregelt. Sie umfassen u. a. die Aufstellung einer Hausordnung, Versicherungen des gemeinschaftlichen Eigentums gegen Feuer zum Neuwert und eine Versicherung jedes Wohnungseigentümers gegen die Haus- und Grundbesitzerhaftpflicht. Ebenso geht die Verwaltung Aufgaben nach, die in dem Paragrafen nicht aufgeführt sind, was beispielsweise auf die Jahresabrechnung zutrifft[30]. Neue Pflichten des Verwalters sind nach Pachowsky (2019)[31] die folgenden:

♦ Durchführung einer Beschlusssammlung; z.B. Beschlüsse aus gerichtlichen Urteilen, die laufend zu nummerieren sind

♦ Wohnungseigentümer über bevorstehende und laufende Rechtsstreite sofort informieren

♦ Gegen Wohnungseigentümer gerichteten Rechtsstreit führen

---

[27] Vgl. Pachowsky, R.: Profi-Handbuch für Wohnungs- und Hausverwaltung, S. 170ff
[28] Vgl. Siepe, W.: Immobilien verwalten und vermieten, S. 33
[29] Vgl. https://www.gesetze-im-internet.de/woeigg/__21.html
[30] Vgl. Siepe, W.: Immobilien verwalten und vermieten, S. 29
[31] Vgl. Pachowsky, R.: Profi-Handbuch für Wohnungs- und Hausverwaltung, S. 176f

♦ Vereinbarung des Honorars mit einem Anwalt

Da der Verwalter zudem für die Gewährleistung der Instandhaltung verantwortlich zeichnet, rechnet er die Instandhaltungskosten ab und führt darüber Buch. Außerdem sorgt er dafür, dass Vermieter eine Instandhaltungsrücklage bilden, was ohne einen vorhandenen Verwalter bei Vermietern häufig in Vergessenheit gerät oder für unwichtig befunden wird. Der Verwalter legt die Instandhaltungsrücklagen zu festen Zinssätzen bei der Bank an, was für Zinserträge sorgt. Somit lässt er das für Instandhaltungsrücklagen eingezahlte Kapital für den Vermieter ertragsbringend arbeiten.

# Versicherungen: Was ist notwendig und was nicht?

Leser erhalten im Folgenden Informationen samt einer Evaluierung zu den fünf gefragtesten Versicherungen für Vermieter. Dazu zählen zum einen die steuerlich abzugsfähigen Wohngebäudeversicherung und Elementarschadenversicherung. Zum anderen existieren mit der Rechtsschutz-, Grundbesitzerhaftpflicht- und Mietausfallversicherung weitere Optionen. Die beiden erstgenannten tragen zum Schutz des Gebäudes bei und inkludieren mehrere Einzelversicherungen. Die drei letztgenannten tragen zum persönlichen Schutz des Vermieters bei, weswegen sie steuerlich nicht absetzbar sind. Eine Vorstellung des Leistungskatalogs, der geschätzten Kosten und der Leistungskriterien samt Einschätzung wird Lesern ermöglichen, über den Nutzen des jeweiligen Versicherungsschutzes im eigenen Einzelfall abzuwägen.

## *Rechtsschutzversicherung*

Eine Rechtsschutzversicherung ist zu Beginn der Tätigkeit als Vermieter nicht zu empfehlen. Es ist zunächst der Auswahl des Mieters in Eigenregie oder mit Unterstützung des Maklers zu trauen. Früher galt der Spruch „Mietschulden sind Ehrenschulden". Heute scheint das Bewusstsein der Mieter für die Bringschuld gesunken zu sein, dennoch macht sich die Tendenz bemerkbar, dass selbst wenig zahlungskräftige Mieter zuerst die Mietschulden begleichen und eher das Finanzamt einige Monate warten lassen. Wer bereits Erfahrungen gemacht hat, wird wissen, dass das Finanzamt sich mit Zwangsvollstreckungen und Mahnungen mehrere Monate Zeit lässt. Somit wäre es recht verwunderlich, wenn ein Mieter seine Miete nicht nach zumindest einigen Wochen Verspätung zahlt. Kommt es tatsächlich dazu, so finden sich häufig außergerichtliche Einigungen, wenn mit dem Mieter ein konstruktiver und verständnisvoller Dialog geführt wird. Juristische Vorgehensweisen sind somit eine Seltenheit; selbst in einer dreißigjährigen Laufbahn als Vermieter. Neben Streitigkeiten mit Mietern ist in einer Wohnungseigentümergemeinschaft auch ein Streit mit anderen Vermietern möglich, was jedoch eine noch größere Seltenheit ist.

Somit empfiehlt sich eine Rechtsschutzversicherung erst dann, wenn früh oder regelmäßig negative Erfahrungen gemacht werden, die Gerichtsverhandlungen und Anwaltskosten nach sich ziehen. Hier ist auf den Leistungskatalog und weitere vertragliche Bedingungen zu achten:

- ◆ Selbstbeteiligung: Im Rahmen des Vertrags lässt sich eine Selbstbeteiligung ausmachen, durch die Rechtsstreitigkeiten bis zu einer bestimmten Betragshöhe von den Vermietern selbst getragen werden müssen. Ab 500 € jährliche Selbstbeteiligung werden die Tarife bei Versicherern in der Regel deutlich günstiger.

- ◆ Leistungsumfang: Hier ist zu wählen, ob nur im Fall einer eigenen Klage, oder auch im Falle einer Klage gegen den Vermieter, geleistet werden soll. Zudem ist aus einzelnen Rechtsbereichen – Wohnungsrechtsschutz und Grundstücksrechtsschutz, Schadensersatz-Rechtsschutz, Strafrechtsschutz und weiteren – zu wählen[32].

---

[32] Vgl. https://www.financescout24.de/wissen/ratgeber/mieter-vermieterrechtsschutz#vermieterrechtsschutz

♦ Wartezeit: Die meisten Tarife und Versicherer sehen eine Wartezeit von drei Monaten nach Vertragsabschluss vor, in der keine Leistungen – selbst im rechtlichen Streitfall – erfolgen. Tarife ohne Wartezeit sind teurer.

Eine Rechtsschutzversicherung ist steuerlich nicht absetzbar, da sie weder die Einnahmen sichert noch zur Aufwertung des Gebäudes beiträgt. Sie sichert lediglich den Vermieter persönlich ab. Das Kündigungs- und Sonderkündigungsrecht sind dem jeweiligen Vertrag zu entnehmen.

## Bewertung:

Eine Rechtsschutzversicherung wartet mit Kosten auf, die mit der Anzahl der Wohneinheiten und der Höhe der Mieteinnahmen steigen. Somit werden sie immer einen Anteil von 0,5 % bis 2 % der jährlichen Kosten in der Immo-Bilanz bekleiden. Zum Anfang der Tätigkeit als Vermieter empfiehlt es sich, die Rechtsschutzversicherung nicht abzuschließen. Erst, wenn nach einigen Jahren die finanziellen Einbußen durch Gerichtsverhandlungen oder ausbleibende Mieteinnahme auffällig hoch sind und den Nutzen einer Vermieter-Rechtsschutzversicherung in Relation zu den Kosten rechtfertigen, sind Angebote von Versicherern einzuholen, und es ist über einen Versicherungsabschluss abzuwägen.

## *Wohngebäudeversicherung*

Eine Wohngebäudeversicherung beinhaltet Versicherungen gegen Feuer, Leitungswasser und Sturm. Zumindest die Feuerversicherung ist bei einer Finanzierung Pflicht. Die Banken verlangen diese als eine Absicherung des Kredits. Vermieter, die nur die Feuerschutzversicherung abschließen möchten, können dies separat durchführen. Allerdings sind Rohrbrüche in Wasserleitungen sowie Sturmschäden keine Seltenheit. Da sich bereits mit Kosten zwischen 50 und 200 € jährlich ein Gebäude umfangreicher versichern lässt, ist die Wohngebäudeversicherung absolut nahezulegen. Ein Anteil von maximal 0,2 % auf der Kostenseite der Immobilien-Bilanz (zur Immo-Bilanz siehe erstes Buch der Reihe) und die volle steuerliche

Abzugsfähigkeit sprechen für die Wohngebäudeversicherung. Vermieter, die sich zusätzlich absichern möchten, sind mit einer Elementarschadenversicherung fürs Wohngebäude gut beraten. Elementarschäden sind solche, die in Sonderfällen wie z. B. Erdbeben, Überschwemmungen und Lawinen gegen die Schäden versichern. Naheliegenderweise macht ein Upgrade der Wohngebäudeversicherung nur um jene Elementarschäden Sinn, die ein realistisches Risiko aufgrund der genannten Risikofaktoren in der Umgebung darstellen. In diesem Fall steigen die jährlichen Kosten zwar an. In Anbetracht der Tatsache, dass bei den genannten Elementarschäden das komplette Gebäude zerstört werden kann, ist eine Elementarschadenversicherung aber nützlich.

## Bewertung:

Die Kosten von Versicherungen, die gegen Schäden am Gebäude versichern, sind steuerlich unter den Betriebskosten absetzbar. Dies gilt auch für sehr spezielle Versicherungen, wie beispielsweise eine Aufzugsversicherung. Sie kosten in Relation zu der essenziellen Absicherung, die sie bieten, nur wenig und mindern die Steuerlast. Da bereits eine Feuerversicherung im Rahmen einer Finanzierung von den Banken verlangt wird, ist es ratsam, sich mit einer Wohngebäudeversicherung gegen einen geringen Aufpreis zusätzlich abzusichern. Definitiv eine Empfehlung!

## *Grundbesitzerhaftpflichtversicherung*

§ 15 Satz 2 des Grundgesetzes der Bundesrepublik Deutschland[33] sagt aus: „Eigentum verpflichtet. Sein Gebrauch soll zugleich dem Wohle der Allgemeinheit dienen." Tatsächlich ist die Bedeutung des Gesetzes so weit auszulegen, dass ein Eigentümer – in diesem Fall der Vermieter – für alle Schäden an Personen und Sachen, die vom eigenen Gebäude ausgehen, haftet.

---

[33] Vgl. https://www.gesetze-im-internet.de/gg/art_14.html

Die Privathaftpflichtversicherung leistet nur dann, wenn der Eigentümer selbst in der Wohnung wohnt. Nur dann ist es nämlich privat. Bei einer Vermietung werden Gewinnerzielungsabsichten verfolgt, weswegen die private Haftpflichtversicherung nicht mehr greift. Es muss eine separate Grundbesitzerhaftpflichtversicherung zum Schutz abgeschlossen werden. In Wohnungseigentümergemeinschaften bei einer externen Verwaltung ist eine Grundbesitzerhaftpflichtversicherung bereits enthalten. In diesem Fall leistet jeder der Eigentümer einen Beitrag in die gemeinschaftliche Versicherung. Allerdings hat diese Absicherung einen Haken: Unfälle in der eigenen Wohnung sind nicht abgesichert. Somit muss zumindest eine Grundbesitzerhaftpflicht für die eigenen Wohnräume beantragt werden.

## Hinweis!

Bei beauftragten Verwaltern ist zu beachten, dass in der jeweiligen Versicherungspolice verankert ist, dass auch gegen die durch den Verwalter verursachten Schäden versichert wird.

Die Versicherung lässt sich steuerlich zwar nicht absetzen, hat jedoch den Vorzug, dass im Schnitt bereits zu 40 € im Jahr Tarife erhältlich sind. Dies ist ein Schnäppchenpreis, sofern man ihn mit den Kosten vergleicht, die im Falle eines entsprechenden Schadens auftreten und in Millionenhöhe liegen können.

## Bewertung:

Zwar steuerlich nicht absetzbar, dafür aber zu geringen Beiträgen erhältlich, ist die Grundbesitzerhaftpflicht für jeden Vermieter empfehlenswert. Im Falle von Wohnungseigentümergemeinschaften und externen Verwaltungen ist zu erfragen, wie genau der Versicherungsschutz geregelt ist. Zumindest für Schadensfälle in der eigenen Wohnung ist eine Grundbesitzerhaftpflicht immer separat abzuschließen.

## Mietausfallversicherung

Die Mietausfallversicherung hat so viele Lücken und Tücken wie kaum eine andere Versicherung. Zunächst zum Leistungsbestand: Die Mietausfallversicherung kommt dann für Mietrückstände auf, wenn Mieter nicht zahlen. Je nach Anbieter und Tarif lassen sich zudem Sachschäden durch Mietnomaden in der Wohnung absichern.

Nun zu den Haken, derer es viele gibt:

♦ Ist der Mieter nicht auffindbar, wird nicht gezahlt.

♦ Die Versicherung zahlt nur dann, wenn trotz Klage, Urteil und Vollstreckung die Miete nicht gezahlt wird.

♦ Bei Leerstand greift die Versicherung nicht.

♦ Im Todesfall des Mieters findet keine Mietzahlung statt.

♦ Der Zeitraum, in dem die Miete durch die Versicherung gezahlt wird, ist begrenzt auf sechs bis zwölf Monate. In Ausnahmefällen werden die Mieteinnahmen über einen Zeitraum von zwei Jahren gezahlt.

Quelle: ratgeber.immowelt.de[34]

Neben der Tatsache, dass mehrere dieser Hindernisse im Weg stehen, sind vereinzelt Selbstbeteiligungen des Vermieters vereinbart. Eine Mietausfallversicherung lässt sich steuerlich nicht absetzen. Die Kosten belaufen sich in Relation zu den strengen Voraussetzungen, damit die Versicherung leistet, auf hohe Beiträge. Es ist von um die 200 € im Jahr die Rede.

---

[34] Vgl. https://ratgeber.immowelt.de/a/mietausfallversicherung-kein-held-fuer-alle-faelle.html

**Bewertung:**

Die Mietausfallversicherung ist nicht notwendig. Es empfiehlt sich eher, eine Rechtsschutzversicherung abzuschließen, die umfangreicher absichert, eher greift und dafür sorgt, möglichst schnell mit einem nicht zahlenden Mieter Lösungen zu finden oder aber Platz für einen neuen zahlenden Mieter zu schaffen.

# Zusammenfassung: Externe Verwaltung, Schutz des Gebäudes und Grundbesitzerhaftpflichtversicherung als zentrale Maßstäbe!

Eine genaue Erörterung hat gezeigt, dass eine eigene Verwaltung durch Vermieter möglich ist. Sie erfordert lediglich eine konsequente Buchhaltung und genaue Aktenführung. In Wohnungseigentümergemeinschaften ist es jedoch üblich, dass eine Partei die Verwaltung durchführt – entweder einer der Vermieter oder ein externer Dienstleister. Letzteres ist die bessere Wahl für sämtliche Vermieter und Kapitalanleger. Denn die externe Verwaltung verfügt über Erfahrung und rechnet transparent ab. So hat der Vermieter – bei lediglich Kosten in Höhe von knapp 200 € im Jahr – ein maximal einfaches Spiel und kann das in Immobilien angelegte Kapital für sich arbeiten lassen. Um sich gegen potenzielle Schäden abzusichern, empfiehlt sich eine möglichst umfassende Versicherung des Gebäudes. Bei Finanzierungen ist die Feuerversicherung ein Muss, allerdings ist ein umfangreicherer Schutz in Form einer Wohngebäudeversicherung noch besser. In Risikoregionen sind spezielle Elementarschadenversicherungen dringlichst nahezulegen. Mit der Grundbesitzerhaftpflichtversicherung ist eine klar empfohlene Absicherung des Vermieters gegeben. Die Rechtsschutzversicherung ist nur dann angeraten, wenn bereits mehrere Rechtsstreitigkeiten vorlagen oder gedroht haben. Eine Mietausfallversicherung ist nicht empfohlen. Bei einer externen Verwaltung sind Feuer- und Grundbesitzerhaftpflichtversicherung bereits enthalten. Es empfiehlt sich,

sich diesbezüglich beim Verwalter zu informieren. Sollte der Vermieter einen über die in der Verwaltung enthaltenen Versicherungen hinausgehenden Versicherungsschutz wünschen, hat er sich selbst darum zu kümmern.

## 4. Schritt:
# Mietersuche und Pflichten als Vermieter

Ist die Wohnung gekauft, beginnt die Suche nach einem Mieter. Sollte bereits ein Mieter vorhanden sein, dann entfällt diese Suche selbstverständlich. Dennoch ist angeraten, sich dieses Kapitel durchzulesen. Denn spätestens, sobald der aktuelle Mieter kündigt und ein neuer gesucht wird, werden die Erkenntnisse dieses Kapitels erforderlich sein. Zur Mietersuche gehört zunächst die Suche an sich, die selbst oder durch einen Makler erfolgen kann. Wird ein Makler engagiert, muss ein Vertrag aufgesetzt werden, der in der Vergangenheit bereits so manche Lücke enthielt und dem Makler die Freiheit gab, keine Besichtigungstermine wahrnehmen zu müssen. Nach der Suche steht die Mieterwahl an, die im Idealfall einen Pool mehrerer in Frage kommender Mieter zur Auswahl stellt, um sich die ansprechendste Bewerbung auszusuchen. Die Mieterselbstauskunft gibt Aufschluss über die Zahlungskräftigkeit und Zuverlässigkeit des angehenden Mieters. Ein Mietvertrag bringt den Deal unter Dach und Fach, hält allerdings für den Vermieter einige Fallstricke parat. Werden hier Auskunftspflichten nicht wahrgenommen, kann dies Konsequenzen für den Vermieter haben.

## Vermieten mit Konzept: Mieter finden oder locken

Die Auswahl der Immobilie spielt dem Vermieter entweder in die Argumentation oder nicht. Orientiert sich ein jeder Kapitalanleger an der Anleitung aus dem ersten Kapitel, erfolgt die Auswahl einer Immobilie, die sich gut und schnell vermieten lässt. Was „gut und schnell" in diesem Kontext bedeutet, ist die Frage des ausgearbeiteten Konzepts. Hierzu führt Werner Siepe in seinem Werk *Immobilien verwalten und vermieten* (2018) vier Kernpunkte auf[35]:

♦ Was kann ich dem Mieter bieten?
Vorzüge des Mietobjekts: z.B. Lage, Ausstattung, Grundriss

♦ Wem möchte ich die Wohnung zur Miete anbieten?
Zielgruppe definieren: z.B. Familie mit Kindern, Student, Rentner

♦ Ab wann steht meine Wohnung zur Verfügung?
Zeitpunkt klar angeben: z.B. Fertigstellung des Gebäudes, Auszug des bisherigen Mieters

♦ Wie viel soll mein Mieter zahlen?
Nettokaltmiete, zzgl. Betriebskosten und Höhe der Mietsicherheit

Dies sind nicht nur die essenziellen Aspekte für ein Mietkonzept, sondern auch für das Exposee. Was beim Exposee darüber hinaus wichtig ist, wird im folgenden Abschnitt erläutert.

Zuallererst sollte verdeutlicht sein, dass die Lage den Unterschied macht! In einer guten Lage finden sich immer Mieter und ebenso andere Kapitalanleger, die die Gegend in Zusammenarbeit mit anderen Anlegern und Investoren oder in Eigenregie aufwerten werden. Dies wird steigende Mieten und größere Rendite bescheren. In diesem Fall können Exposee und Konzept sogar Defizite aufweisen oder aber der Makler ein beschränktes Talent haben: Die Lage entscheidet.

Wiederum können ein präzise definiertes Konzept sowie ein talentierter Makler eine weniger gute Lage kaschieren, indem geschickte Argumentation und Beschönigung der Realität den Mietinteressenten von der Wahrheit wegleiten. Im Folgenden werden Leser

---

[35] Siepe, W.: Immobilien verwalten und vermieten, S. 105.

alles erfahren, was beim Finden eines Mieters hilfreich ist. So wird für gute Lagen ein Mieter auf möglichst effektivem Wege gefunden. Falls es zur Auswahl einer Immobilie in einer weniger ertragreichen Lage kommen oder bereits gekommen sein sollte, werden die folgenden Anleitungen dabei helfen, aus der schlechten Lage das Maximum herauszuholen.

## Aussagekräftige Exposees

Hier ist zwischen solchen Exposees zu unterscheiden, die in Tageszeitungen veröffentlicht werden – also Annoncen – und möglichst knapp sind, und zwischen den Online-Anzeigen sowie Aushängen in Maklerbüros, die einiges an Text ermöglichen.

In der Tageszeitung kosten Anzeigen Geld, wobei der Preis nach der Menge der Zeilen berechnet wird. Dies ist der begrenzten Menge an Platz geschuldet, die sich daraus ergibt, dass eine Zeitung in Papierform kein digitales Medium ist. Ein Exposee, welches aus wenigen Zeilen besteht, kann nur bedingt ansprechend sein. Es muss sachlich die wichtigsten Vorteile hervorheben und die essenziellen Fakten zur Immobilie nennen:

*Dresden-Strehlen, 2 gr. Zimmer, 79 qm, hohe Wände, gr. Fenster, Keller, Balkon, Einbauküche, 3 Min. zum Hbf, ruhige Wohngegend, mtl. Kaltmiete 560 € + NK, Baujahr 1952, Gas-ZH, Verbrauchsausweis, 90 kWh pro m² und pro Jahr, Energie-Effiz.-Klasse B, provisionsfrei von Privat, Tel. 0176…*

In der Welt der Vermieter ist das als aussagekräftige Sprache in Zeitungsannoncen zu verstehen. Die einzigen Regeln bestehen darin, am Anfang den Ort und Angaben zur Wohnung sowie Lage zu machen. Hier sind für den Interessenten die Vorteile wichtig, die konkret benannt sein müssen. Gegen Ende kommen die preislichen Details, restliche Angaben und die Kontaktdaten. Die Kontaktdaten sind zwar wichtig, kommen aber dennoch am Ende der Anzeige, da der Interessent ohnehin nach ihnen suchen wird, sofern ihm das Angebot zusagt.

Im Internet werden Exposees bereits ein umfangreicheres Werk. Hier bekommen Vermieter reichlich Raum, um ganze Sätze zu formulieren und die Mietinteressenten emotional zu erreichen. Eine Anzeige, die emotional zu den Interessenten durchdringt, ist die halbe Miete. Emotional werden die Anzeigen, wenn beim Interessenten ein Kopfkino erzeugt wird. Hierzu drei Regeln:

- ◆ Durch die Kundenbrille sprechen!
- ◆ Keine Produkte, sondern Möglichkeiten verkaufen!
- ◆ Mit Adjektiven arbeiten!

Zunächst sei die Grundregel des Verkaufens erwähnt: Es muss durch die Kundenbrille argumentiert werden. Dies geht zugegebenermaßen bei Annoncen in der Zeitung nicht. Doch bei längeren Anzeigen hat ein jeder Vermieter die Wahl.

**Negativbeispiel: Altbauwohnung mit hohen Wänden und Fenstern**
*Die Wohnung hat große Fenster und lässt viel Licht herein.*

**Positivbeispiel: Altbauwohnung mit hohen Wänden und Fenstern**
*Die großen Fenster durchfluten Ihre Wohnung mit Licht und sorgen für Helligkeit und Klarheit in jedem Winkel.*

Keine Frage: Nicht jeder interessiert sich für Helligkeit, Klarheit und starken Lichteinfluss. Doch diese Personen sind ohnehin nicht die Kunden! Es muss nicht jeder befriedigt werden, sondern nur die Personen, die in die eigene Zielgruppe hineinpassen. Jemand, der viel Helligkeit mag, wird auf diese Anzeige ansprechen. Anders verhält es sich jedoch bei der ersten Variante, die schlicht und einfach langweilig ist.

Eine weitere Lektion hält die Vermieter dazu an, die Annoncen so zu formulieren, dass den Mietinteressenten mehr als die Wohnung verkauft wird – es werden Möglichkeiten verkauft; Möglichkeiten auf ein komfortables Leben, welches sich der eine Interessent erhofft, oder Möglichkeiten auf tägliches Schwimmen daheim durch den Pool auf dem Dach, welches sich eine Fülle anderer Interessenten erhofft. Werden die Vorzüge der Wohnung so formuliert, dass den Interessenten Perspektiven aufgezeigt werden, ist dies umso reizvoller.

**Negativbeispiel: Haus mit Spielplatz zur Vermietung, Zielgruppe Familie**

*Zum Verkauf steht ein Haus für eine große Familie. Der Flur ist groß. Das Haus hat mit sechs Zimmern genug für eine ganze Familie. Im Garten ist ein Spielplatz. Auch gibt es eine Terrasse.*

**Positivbeispiel: Haus mit Spielplatz zur Vermietung, Zielgruppe Familie**

*Zum Verkauf steht kein Haus, sondern ein Zuhause für eine Familie! Bereits der Flur bietet den Kindern reichlich Bewegungsfreiheit, wenn sie den Schulranzen abnehmen und voller Aufregung vom Schultag erzählen möchten. Mit sechs Zimmern ist reichlich Platz geschaffen, damit jedes Familienmitglied seine Freiräume hat: Büro zur Arbeit, separate Zimmer für Kinder, der gemeinsame Rückzugsort fürs Ehepaar im Schlafzimmer. Mit dem abwechslungsreich gestalteten Spielplatz im Garten und einer weiträumigen Terrasse ist das Haus gleichermaßen fürs Spielen und für gemeinsame Grillabende, sogar im größeren Rahmen, geeignet.*

Vermieter sind aufgerufen, kreativ zu sein und die Gedanken spielen zu lassen. Es zählt auch, was der Mieter mit einer Immobilie machen kann, nicht nur, welche Vorteile er erhält. Welcher Mutter und welcher Vater, welches Ehepaar mit Kindern, könnte denn bei einer Anzeige wie dieser mit den passenden Bildern dazu nicht direkt einen Film vorm inneren Auge ablaufen lassen?

Zuletzt sei auf die Bedeutung der Adjektive eingegangen: Adjektive schaffen Emotionen, wenn sie in einer angemessenen Menge und mit einem Sinn fürs Außergewöhnliche genutzt werden. Dabei gilt, dass maximal ein Adjektiv pro Nomen genutzt wird. Zudem sind Adjektive so zu wählen, dass sie keine offensichtlichen, sondern verborgene und überraschende Eigenschaften der Immobilie beschreiben.

### Negativbeispiel: Kleine Wohnung im Stadtkern

*Die kleine aber feine, kuschelige, zentral gelegene und komfortable Wohnung, führt Sie direkt in den Stadtkern hinein und lässt sie jeden zentralen Ort der Stadt direkt erreichen.*

### Positivbeispiel: Kleine Wohnung im Stadtkern

*Klein, aber unkompliziert! Alle Personen, die sich einfach einrichten möchten, sind mit dieser Wohnung am besten beraten. Durch die Lage im Stadtkern wird der Komfort kleiner Wohnungen neu definiert.*

Im ersten Beispiel werden zu viele Adjektive angewandt, wodurch sich manch ein Mietinteressent die Frage stellen wird, ob er die Anzeige überhaupt noch ernst nehmen darf. Die missverständlichen Formulierungen setzen sich bei der „Wohnung, die in den Stadtkern hineinführt" fort: Eine Wohnung führt nirgendwo hin. Logik und eine sparsame, aber gezielte Anwendung der Adjektive sind wichtig. Dies ist im zweiten Beispiel gegeben: Dieses verwendet ein Adjektiv, welches im Kontext mit einer kleinen Wohnung nicht sofort in den Sinn kommen mag. Selbst Personen, die skeptisch sind, werden bei dem Wort „unkompliziert" erfreut aufblicken. Denn jemand, der sich mit einer kleinen Wohnung auseinandersetzt, wird beim Begriff „unkompliziert" denken, es sei genau das, was er wolle. Alle anderen müssen nicht überzeugt werden, da sie nicht der Zielgruppe entsprechen. Der letzte Satz nimmt auf die Perspektiven, die dem Interessenten aufgezeigt werden sollen, Bezug. Denn durch den „neu definierten Komfort" wird dem Interessenten suggeriert, dass er komfortabler denn je leben wird. Dies lässt sich in Folgesätzen noch näher ausführen.

## *Makler engagieren oder allein arbeiten?*

Wer keine Erfahrung hat und zunächst den kostensparenden Weg wählen möchte, ist gut damit beraten, selbst einen Mieter für die Wohnung zu finden. Ausnahmen bestehen, wenn der Vermieter beruflich eingespannt ist oder aus anderen Gründen keine Zeit hat, einen Makler zu suchen. In diesem Fall ist das Engagement eines Maklers empfehlenswert. Wer sich eine erfolgreiche Mietersuche von vornherein nicht zutraut, ist ohnehin gut damit beraten, einen Makler zu engagieren. Wird der Makler beauftragt, so gibt es einige Regeln zu beachten:

- ◆ Vertrag in Schriftform (§ 2 Absatz 1 WoVermRG[36]): Damit ein Vertrag gültig ist, muss er in Schriftform auf einem Papierdokument oder in einem elektronischen Dateiformat vorliegen.

- ◆ Vereinbarung klar definieren: Es soll klar vereinbart sein, ob der Vermieter auch andere Makler beauftragen darf oder nur einen; letzteres würde einem Alleinauftrag entsprechen.

- ◆ Achtung bei qualifizierten Alleinaufträgen: Diese verbieten dem Vermieter, ohne den Makler mit Interessenten zu verhandeln und Mietverträge abzuschließen. Dies ist zu meiden.

Im gesamten zweiten Paragrafen des WoVermRG (Wohnungsvermittlungs-Regelgesetz) ist definiert, dass ein Makler die Vermittlung der Wohnung als Leistung erbringen und in der Lage sein muss, dies nachzuweisen. Dies ist bereits dann gegeben, wenn dem Vermieter Kontaktdaten des Mietinteressenten vermittelt werden und es zum Vertragsabschluss kommt[37], was unter einer passiven Mitwirkung zu verbuchen ist.

## Hinweis!

Der Makler ist dem Gesetz nach nur dazu verpflichtet, die Wohnung zu vermitteln. Sofern der Vermieter möchte, dass durch den Makler von Mietinteressenten Schufa-Auskünfte eingeholt, Besichtigungstermine wahrgenommen und Annoncen geschaltet werden, ist dies im Vertrag separat festzuhalten.

---

[36]  Vgl. https://www.gesetze-im-internet.de/wovermrg/__2.html
[37]  Vgl. https://www.mietrecht.org/maklerprovision/vermietung-makler/

Im Gegensatz zum Kauf von Immobilien gilt bei der Vermietung das sogenannte Bestellerprinzip, welches vorsieht, dass derjenige, der den Makler bestellt, ebenso für die Kosten seiner Dienstleistung aufkommt. Dementsprechend muss der Vermieter die Kosten tragen. Diese wiederum sind in der Einkommenssteuererklärung nach § 9 Abs. 1 EStG[38] als Werbungskosten absetzbar. Grund dafür ist, dass sie den „Aufwendungen zur Erwerbung, Sicherung und Erhaltung der Einnahmen" zuzuordnen sind.

### *Vorteil beim Neubau: Freiheiten für den Erstmieter!*

Ob allein oder mit Makler: Bei Neubauten haben Vermieter zentrale Vorteile, die in einer Annonce erwähnt werden sollten. Dazu gehört zum einen, dass es ein Neubau ist und die Risiken für Schäden wie bei Altbauten erspart bleiben. Zum anderen ist es angeraten, dem Vermieter Sonderwünsche zu ermöglichen. Mit Sonderwünschen ist gemeint, dass beispielsweise zum Zeitpunkt der Annonce und einige Monate vor der Fertigstellung der neue Boden noch nicht verlegt ist. Hier lässt sich dem Mieter das Recht einräumen, über den Bodenbelag in der Wohnung zu entscheiden. Gleiches ist im Falle von Fliesen fürs Bad oder die Küche möglich. Wird dies offen in der Annonce kommuniziert, hebt sich das Angebot deutlich von den Angeboten der Konkurrenz ab. So ist eine Vermietung an Interessenten vereinfacht.

## Mieter aussuchen

Die Auswahl des Mieters erfolgt anhand zweier Komponenten: Menschenkenntnis und Zahlen zum Mietinteressenten. Mit Menschenkenntnis ist gemeint, dass der Vermieter sich mit dem Interessent unterhält und auf Basis des Gesprächs sowie der Körpersprache des Mieters einschätzt, wie vertrauenswürdig ein Mieter ist. Geschickte Fragen führen dazu, dass der Vermieter merkt, wie langfristig der Mieter denkt und wie zahlungsstark er ist:

---

[38] Vgl. https://www.gesetze-im-internet.de/estg/__9.html

- ◆ Wieso möchten Sie hierher umziehen?
- ◆ Planen Sie, langfristig hier zu bleiben?
- ◆ Befindet sich in der Nähe ein Arbeitsplatz?

Sollten die Antworten zögernd oder mit wenig Überzeugung kommen, verrät sich der Mieter meistens dahingehend, als dass er keinen genauen Plan vor dem Umzug hat. In diesem Fall liegt ein potenzielles Risiko vor, dass die Wohnung bereits nach wenigen Monaten wieder leer steht. Die Fragen sollten nicht nacheinander kommen, da sich der Mieter ansonsten bedrängt fühlen könnte. Aber bei einer 30-minütigen Besichtigung ist genug Raum gegeben, um hier und da eine Frage einzustreuen. Am besten sind Mieter, die einen langfristigen Plan mit ihrem Umzug verfolgen und mit beiden Füßen fest auf dem Boden stehen. Ruhig darf der Vermieter sich erkundigen, ob der Mieter bereit ist, die Gehalts-abrechnungen der letzten drei Monate zu mailen oder auf anderem Wege vorzuzeigen. Dies lässt auf die Finanzierbarkeit der Wohnung für den Mieter schließen.

## Hinweis!

Am Anfang mag der Kapitalanleger dazu neigen, sich der Sympathie einzelner Bewerber hinzugeben. Doch dies ist eine Gefahr, denn Sympathie kann über die Faktenlage hinwegtäuschen und den Blick auf Zahlungskraft trüben. Vermieter müssen an dieser Stelle bedenken, dass sie knallhart nach der zahlungskräftigsten UND vertrauenswürdigsten Person suchen müssen.

Vermieter, die mit einem Makler zusammenarbeiten, sind dahingehend in einer vorteilhaften Situation, als dass der Makler bereits über Erfahrungen mit Mietern verfügt. Er wird die Interessenten segmentieren und dem Vermieter fundierte Einschätzungen zu den Mietinteressenten geben.

Steht die Suche nach einem Folgemieter an, weil der aktuelle Mieter gekündigt hat, ist nach dem Eingang der Kündigung ein dreimonatiger Zeitraum gegeben, um einen Folgemieter zu finden. Diese drei Monate muss der Mieter noch für die Wohnung bezahlen, da dies der vorgesehene Kündigungszeitraum ist. Er soll dem Vermieter ermöglichen, ohne Leerstand der Wohnung einen Nachmieter zu finden. Da der Mieter noch in der Wohnung ist, ist es erforderlich, die Besichtigungen mit dem Mieter abzusprechen. Sollte der aktuelle Mieter negativ aufgefallen sein und Nachmieter vorschlagen, sind die vorgeschlagenen Nachmieter zu meiden. Denn erfahrungsgemäß sind die Freundes- und Bekanntenkreise eines Mieters ihm selbst ähnlich. Wurden hingegen mit dem amtierenden Mieter positive Erfahrungen gemacht, sind seine Vorschläge für Nachmieter willkommen.

## Mieterselbstauskunft

Eine Mieterselbstauskunft ist einzuholen, um die Zahlungsfähigkeit des Mieters zu evaluieren. Werner Siepe formuliert es im Werk *Immobilien verwalten und vermieten* (2018) mit einer interessanten Parallele zum Bankgeschäft treffend: „Auch Sie geben Ihrem Mieter praktisch einen Kredit. Statt Geld geben Sie ihm eine Wohnung. Ihr Mieter („Wohnungsnehmer") geht wie ein Kreditnehmer ein Dauerschuldverhältnis ein."[39]

In Anlehnung daran hat der Vermieter das Recht, vom angehenden Mieter eine umfangreiche Selbstauskunft zu verlangen, die von weiteren Dokumenten begleitet wird[40]:

♦ Schufa-Selbstauskunft

♦ Einkommensnachweis

♦ Einsichtnahme in das Schuldnerverzeichnis

Die Schufa-Selbstauskunft wird vom Mietinteressenten selbst besorgt und ausgefüllt mitgebracht. Ein Einkommensnachweis bedeutet idealerweise die Gehaltsabrechnungen aus den letzten drei Jahren. Bei einer Einzelperson lässt sich davon ausgehen, dass die Lebenshaltungskosten ohne Miete knapp 800 € in Anspruch nehmen, während es bei zwei Personen im Haushalt 1.200 € monat-

---

[39] Siepe, W.: Immobilien verwalten und vermieten. 2018: S. 128
[40] Vgl. Siepe, W.: Immobilien verwalten und vermieten. 2018: S. 128f

licher Lebenshaltungskosten plus 300 € für jedes Kind sind. Sollte das monatliche Gehalt nicht ausreichend sein, um diese Lebenshaltungskosten und die Warmmiete zu bezahlen, ist der Mieter als nicht zahlungskräftig genug einzustufen. Neben dem Einkommensnachweis ist eine Einsichtnahme in das Schuldnerverzeichnis, welche beim Amtsgericht erfolgt, ein weiteres probates Mittel zur Bonitätsprüfung.

Die Mieterselbstauskunft wiederum ist ein Mittel, welches all diese Punkte zusammenträgt, allerdings vom Mieter selbst ausgefüllt wird und somit Raum für die ein oder andere Beschönigung lässt. Die Mieterselbstauskunft ist ein vom Vermieter bereitgestelltes Formular, welches die folgenden Informationen über den Interessenten abfragt[41]:

♦ Name

♦ Geburtsdatum

♦ Familienstand

♦ Anzahl der im Haushalt lebenden Personen

♦ Anschrift und Telefonnummer

♦ Angaben zum bisherigen Mietverhältnis mit Grund für Kündigung und Kontaktdaten des bisherigen Vermieters

♦ Aktueller Beruf, Arbeitgeber und Dauer des Arbeitsverhältnisses

♦ Monatliches Nettoeinkommen inkl. Kindergeld

♦ Aufklärung über laufende Insolvenzverfahren und Pfändungen, sofern diese vorhanden sind

♦ Einverständnis zur Schufa-Selbstauskunft

♦ Einkommensnachweis mit Gehaltsabrechnungen (im Idealfall drei Jahre rückwirkend)

Absolut zu meiden sind Mietinteressenten mit negativer Schufa-Auskunft. Am einfachsten ist es, wenn der Interessent die

---

41  Vgl. Siepe, W.: Immobilien verwalten und vermieten. 2018: S. 131

Schufa-Auskunft selbst besorgt. Denn im Gegensatz zum Vermieter hat er kaum Wartezeiten und muss kein Geld für die Auskunft bezahlen. Sie lässt sich bereits online einholen.

# Mietvertrag

Der Mietvertrag wird bei Streitigkeitsfällen einer rechtlichen Prüfung standhalten müssen. Alles muss penibel und präzise ausformuliert sein. Darüber hinaus ist zu beachten, dass einige Forderungen an den Mieter keinerlei Wirksamkeit haben, weil sie gesetzlich nicht gestattet sind – in diesem Fall ist es egal, was der Mietvertrag aussagt.

Nachdem die Bonität der Interessenten überprüft wurde und die Entscheidung für einen der Mieter gefallen ist, muss der Mietvertrag schriftlich abgeschlossen werden. Zwar unterliegen auch mündliche Abmachungen geltendem Recht, doch sind diese weitaus schwieriger zu beweisen als schriftliche Verträge mit einer Unterschrift beider Parteien. Zudem muss der Mieter bei einer nicht schriftlichen Abmachung keine Nebenkosten zahlen und auch nicht für Schönheitsreparaturen aufkommen, was bei einer schriftlichen Abmachung jedoch bis zu einem bestimmten Punkt der Fall ist. Dementsprechend soll niemals – nicht einmal für einige Tage oder Wochen Übergangszeit – der Mieter vor der Unterzeichnung eines Mietvertrags in die Wohnung einziehen!

## *Die verpflichtenden Inhalte*

Was in den Vertrag muss, ist der vollständige Name samt Anschrift des Vermieters und des Mieters. Beim Mieter muss zudem die Nummer des gültigen Personalausweises im Mietvertrag angegeben werden.

Bezüglich der Wohnung sind Vermieter auf der sicheren Seite, sofern Sie alle Informationen in den Vertrag eintragen, die die Identifikation der Wohnung und den Umfang der genutzten Räumlichkeiten durch den Mieter betreffen. Einerseits sind die Anschrift und die genaue Lage der Wohnung in einem Mehrparteienhaus zu nennen. Andererseits ist die Anzahl der Räume samt Quadratmeteranzahl anzugeben. Dies schließt eventuelle Anteile am Dachboden, Keller und Stellplätzen außerhalb des Gebäudes mit ein. Mietpreis, Kaltmiete und Nebenkosten sind ebenfalls essenziell. Sofern gewünscht, ist eine Verpflichtung des Mieters zu kleineren Instandhaltungsmaßnahmen aufzuführen. Hierunter finden sich beispielsweise Aufwendungen für die Reparatur von Rollläden oder Schäden am Waschbecken. Wichtige Regel: Die Kosten müssen dem Mieter zumutbar sein, wobei die Zumutbarkeit stets individuell zu beurteilen ist. Als guter Richtwert sind 8 % der Jahresnettomiete für die maximale Belastung des Mieters bei Instandhaltungsmaßnahmen anzusetzen.

Das Mietverhältnis ist der nächste in einem Mietvertrag zu definierende Punkt. Es ist entweder befristet oder unbefristet. Der unbefristete Vertrag hat eine dreimonatige Kündigungsfrist für den Mieter. Es ist auch möglich, das Kündigungsrecht für vier Jahre auszuschließen, was dem Vermieter mehr Sicherheit bezüglich der Dauer des Mietverhältnisses verleiht.

## Hinweis!

Bei einer dreimonatigen Kündigungsfrist existiert zumindest eine Karenzzeit von einigen Tagen. Dies bedeutet, dass bei einem bis zu drei Tage verspäteten Eingang der Kündigung seitens des Mieters die Kündigung noch als fristgerecht gilt.

Zuletzt sind Angaben zur Mietanpassung vertraglich festzuhalten: Der Indexmietvertrag sieht eine Erhöhung der Mieten vor, die sich nach dem Mietspiegel in der Umgebung richtet. Bei einem Staffelmietvertrag ist eine feste jährliche Mietsteigerung vorgesehen, die allerdings nicht um 20 % höher als die ortsübliche Vergleichsmiete ausfallen darf. In beiden Fällen sind Mieterhöhungen nach Modernisierungen oder Sanierungen ausgeschlossen. Dementsprechend empfiehlt es sich, sowohl auf den Index- als auch Staffelmietvertrag zu verzichten. Stattdessen genügt ein Einzeiler wie der Folgende: „Der Vermieter behält sich vor, die Miete regelmäßig anzupassen."

## *Die freiwilligen Inhalte*

Die folgend genannten Inhalte sind zwar freiwillig, aber dennoch empfohlen. Sie sensibilisieren den Mieter für einen rücksichtsvollen Umgang mit den Mitmenschen und der Wohnung.

- ◆ Einhaltung der Hausordnung
- ◆ Verlangen einer Mietsicherheit/Kaution und die Benennung der Höhe
- ◆ Vorgaben zur Haustierhaltung
- ◆ Festhalten, dass die auf der Wohnungseigentümerversammlung gefassten Beschlüsse und Änderungen an der Hausordnung für den Mietvertrag und Mieter bindend sind

Vermieden hingegen werden sollte es, die Selbstauskunft des Mieters zu einem Bestandteil des Vertrags zu machen. Unter Umständen würde bei Rechtsstreitigkeiten über Mietausfälle darauf verwiesen werden, dass der Schufa-Selbstauskunft bereits zu entnehmen war, dass der Mieter nicht zahlungskräftig ist. Dies würde sich dem Vermieter als nachteiliges Argument in einem Rechtsstreit erweisen.

## *Anfängliche Miete festsetzen*

Die Festsetzung der anfänglichen Miete mit dem Neumieter ist ein Zusammenspiel aus eigenen Gewinnkalkulationen und rechtlichen Vorschriften. Zunächst werden dabei die eigenen Gewinnkalkulationen durchgeführt. Ob Finanzierung, Kauf mit Eigenkapital oder Kombination aus beidem: Die jährlichen bzw. monatlichen Kosten sollten nach Möglichkeit durch die Miete ausgeglichen werden bzw. zu einem Gewinn führen. Die Berechnung der kostendeckenden Vergleichsmiete dient der Gewinnkalkulation und liefert einen ersten Mietzins. Ob dieser Mietzins durchsetzungsfähig ist, lässt sich aus einem Vergleich mit der ortsüblichen Miete erschließen. Hierbei gibt es als ein Instrument die Mietspiegel, als weiteres Instrument lassen sich Vergleichswohnungen heranziehen. Nach einem Abgleich mit der errechneten kostendeckenden Nettokaltmiete wird unter Berücksichtigung der Mietpreisbremse der anfängliche

Mietzins festgesetzt. Abschließend werden Nebenkosten hinzugerechnet, wobei umlagefähige Betriebskosten auf den Mieter umgelagert werden.

## Kostendeckende Nettokaltmiete

Zunächst werden in einer umfangreichen, aber einfachen Rechnung, alle Kosten ermittelt und zusammengetragen. Mit einberechnet wird eine Verzinsung, falls Eigenkapital eingesetzt wurde. Doch
dazu später mehr. Zunächst werden die Kostenfaktoren zusammengetragen, die bei der Berechnung auf die Dauer eines Jahres betrachtet werden:

♦ Bankkosten für Zinsen und Tilgung des Darlehens

♦ Instandhaltungskosten

♦ Verwaltungskosten

Die anfängliche Miete hat nach Möglichkeit all diese Kosten zu
decken. Dass dies tatsächlich schwierig ist, ergibt sich aus den
Zinsen, die der Bank gegenüber für das Darlehen zu zahlen sind.
Somit wird die anfängliche Nettomiete voraussichtlich mit einem
Eigenanteil von dem bereits im ersten Buch erwähnten einen
Prozent jährlich in Relation zu den Gesamtkosten des Kaufs ge-
stemmt werden müssen.

Neben diesen Gesamtkosten ist eine Verzinsung auf das eingesetzte Eigenkapital einzuberechnen. Bei dem Kauf einer Immobilie
wird immer Eigenkapital eingesetzt, denn es müssen zumindest
die Nebenkosten des Kaufs selbst gezahlt werden. Nun wird davon
ausgegangen, dass wenn man das für die Immobilie eingesetzte
Eigenkapital in eine andere Kapitalanlage investieren würde, eine
Rendite zustande käme. Diese Rendite ist auch von dem in die Immobilie investierten Eigenkapital zu erwarten. Dementsprechend
kommt es dazu, dass mit einem pauschalen Betrag von 4 % auf das
Eigenkapital gerechnet wird.

Zu einem verbesserten Verständnis dieses wichtigen Schritts, der
für die nächsten Jahre richtungsweisend dafür ist, ob es Einnah-

men oder Verluste bei der Vermietung gibt, gibt es zwei umfassende Beispiele.

## Beispielrechnung Nr. 1: Immobilienkauf mit Finanzierung

*Johanna M. kauft eine Immobilie, die 120.000 € kostet. Sie bringt kein Eigenkapital in den Kaufbetrag der Immobilie ein, zahlt dafür aber die anfallenden 9.600 € Kaufnebenkosten aus eigener Tasche. Der Rest wird über ein Darlehen bei der Bank finanziert, welches zu 3 % mit Zinsen in Höhe von 2,6 % getilgt wird. Im ersten Jahr kommen somit folgende Bankkosten auf Johanna M. zu:*

1. *Zinskosten (1.Jahr) = 120.000 € x 2,6 % = 120.000 € x 0,026 = 3.120 €*

2. *Tilgung (1. Jahr) = 120.000 € x 3 % = 120.000 € x 0,03 = 3.600 €*

*Darüber hinaus werden die Verwaltungskosten mit 220 € im Jahr angegeben, die Instandhaltungskosten werden auf 1.700 € im Jahr geschätzt. Es ergeben sich insgesamt für Bankkosten, Verwaltungskosten und Instandhaltungskosten: 3.120 € + 3.600 € + 220 € + 1.700 € = 8.640 €.*

*Nun wird auf das Eigenkapital, da dieses für den Vermieter arbeiten soll, die bereits erwähnte vierprozentige Verzinsung als Kostenfaktor hinzugerechnet. Die Tatsache, dass dieses Geld in der Immobilie steckt und nicht anderweitig investiert werden kann, ist schließlich ein Kostenfaktor. Das für die Kaufnebenkosten aufgebrachte Eigenkapital wird nun mit 4 % multipliziert: 9.600 € x 4 % = 9.600 € x 0,04 = 384 €.*

*Es ergeben sich jährliche Kosten in Höhe von 8.640 € + 384 € = 9.024 €. Um die monatliche Nettokaltmiete zu erhalten, wird dieser Betrag durch die Zahl 12 geteilt, was wiederum 752 € ergibt. Durch die Division mit der Quadratmeteranzahl der Wohnung ergibt sich die Miete pro Quadratmeter. Johanna M. hat eine 92 m² große Wohnung gekauft. Also liegt der Mietpreis pro Quadratmeter bei 752 € : 92 m² = 8,17 €/m².*

## Beispielrechnung Nr. 2: Immobilienkauf ohne Finanzierung

Um den Einfluss der Zahlungen der Schuldzinsen an die Bank zu demonstrieren und den Lesern gerecht zu werden, die einen Immobilienkauf ohne Finanzierung durchführen, wird nun dasselbe Beispiel mit denselben Beträgen, nur ohne eine Finanzierung durchgerechnet.

*Es ergeben sich beim Kauf der Immobilie für 120.000 € durch Johanna M. keine Bankkosten. An deren Stelle ist das Eigenkapital, welches sich bisher auf 9.600 € Kaufnebenkosten bezifferte, um den Kaufbetrag von 120.000 € zu erweitern, da die komplette Summe durch Eigenkapital gezahlt wurde. Somit ergibt sich durch Addition der beiden Werte ein zu verzinsendes Eigenkapital in Höhe von 129.600 €. Dieses wird mit der Rendite von 4 % pro Jahr als Kostenfaktor in die Berechnung der kostendeckenden Nettokaltmiete einbezogen: 129.600 € x 4 % = 129.600 € x 0,04 = 5.184 €. Dies um die Verwaltungskosten sowie Instandhaltungskosten erweitert, ergibt 5.184 € + 220 € + 1.700 € = 7.104 €. Durch 12 Monate dividiert, liegt die monatliche Nettokaltmiete bei 592 €. Pro Quadratmeter handelt es sich somit in der 92 m² großen Wohnung um einen Mietpreis von 6,43 €.*

## Vergleich der Werte aus beiden Rechnungen:

| Rechnung | Mit Finanzierung und ohne Eigenkapital | Ohne Finanzierung |
|---|---|---|
| Laufende mtl. Kosten | 752 € | 592 € |
| Mietzins pro m² | 8,17 € | 6,43 € |

*Als Konsequenz des Vergleichs ergibt sich, dass eine Finanzierung die eigenen Kosten und somit die Miete für den Mieter erhöht. Da eine Miete nicht beliebig weit angehoben werden darf, sondern begrenzt ist (dazu in den Folgeabschnitten mehr) ist bei Finanzierungen zumindest in den ersten zehn Jahren damit zu rechnen, dass zusätzlich zur überwiesenen Miete ein monatlicher Eigenanteil erforderlich ist, um die Finanzierung zu stemmen.*

Vermieter, die dem Mieter entgegenkommen möchten, kalkulieren die Steuervorteile mit ein, die sie durch die Abschreibung für Abnutzung haben. Um dies rechnerisch zu bewerkstelligen, werden nach Ermittlung der kostendeckenden Nettokaltmiete die Beträge für die Abschreibung für Abnutzung subtrahiert. Wie die Abschreibung für Abnutzung zu ermitteln ist, haben Leser bereits im ersten Buch der Reihe erfahren. Es wird auf die Immobilie ein jährlicher prozentualer Abschreibungssatz angewandt. Dabei wird davon ausgegangen, dass sich das Gebäude mit der Zeit abnutzt:

- ♦ Bei einer gewerblichen Vermietung wird zu einem Jahressatz von 3 % über einen Zeitraum von 33 Jahren und 4 Monaten abgeschrieben.

- ♦ Bei der Vermietung eines Wohngebäudes, welches nach dem 31. Dezember 1924 errichtet wurde, wird über einen Zeitraum von 50 Jahren zu einem Jahressatz von 2 % abgeschrieben.

- ♦ Bei der Vermietung eines vor dem 1. Januar 1925 errichteten Gebäudes wird 40 Jahre lang zu einem Jahressatz von 2,5 % abgeschrieben.

Wichtig: Dies gilt nur für den Wert des Gebäudes. Ein Grundstück nutzt nach der Annahme des Gesetzes nicht ab. Somit ist der Wert des Grundstücks anhand einer Bodenrichtwerttabelle vom Kaufbetrag zu subtrahieren. Ebenso dürfen die Kaufnebenkosten in die Abschreibung nicht einkalkuliert werden. Es sei im Falle der Immobilie von Johanna M. davon ausgegangen, dass sie den Vermietern durch eine Einberechnung der Steuervorteile entgegenkommen möchte: Man nehme an, das Grundstück habe am Kaufpreis von 120.000 € einen Wert von 8.000 € gehabt. Der Wert wird niedrig angesetzt, da es sich um eine Wohnung in einem Mehrparteien-Gebäude handelt. Es verbleiben 112.000 € als Gebäudewert. Hiervon sind 2,5 %, da das Gebäude erst 30 Jahre alt ist, als Abschreibungssatz über einen Zeitraum von 40 Jahren anzuwenden: 112.000 € x 2,5 % = 112.000 € x 0,025 = 2.800 €. Diese werden von der kostendeckenden Nettokaltmiete subtrahiert, wodurch sich für beide Rechnungen folgende Werte ergeben:

| Rechnung | Mit Finanzierung und ohne Eigenkapital | Ohne Finanzierung |
|---|---|---|
| Laufende mtl. Kosten | 519 € | 359 € |
| Mietzins pro m² | 5,64 € | 3,90 € |

Es lassen sich also deutliche Unterschiede feststellen. Diese Tatsache illustriert allem voran eines: Werden die Steuervorteile nicht einkalkuliert und lässt sich aufgrund der ortsüblichen Vergleichsmiete nur eine Miete durchsetzen, die unterhalb der errechneten kostendeckenden Vergleichsmiete liegt, bedeutet dies keineswegs, dass die Vermietung ein Verlustgeschäft ist. Die steuerlichen Vorteile geben also die Möglichkeit, Verluste aus der Vermietung in Gewinne umzuwandeln oder aber die Miete weit nach unten zu korrigieren, wobei dennoch die Kosten effektiv gedeckt werden.

## Ortsübliche Vergleichsmiete

Die ortsübliche Vergleichsmiete ist anhand des Mietspiegels im jeweiligen Stadtteil gegeben. Dabei gibt es sowohl den geschätzten als auch den empirisch erstellten Mietspiegel. Der empirisch erstellte Mietspiegel ist der einzige, der als verbindlich gilt. Es werden wissenschaftliche Methoden herangezogen, um diesen Mietspiegel zu ermitteln. Da jedoch selten empirische Daten verfügbar sind, müssen Vermieter im Regelfall auf den geschätzten Mietspiegel zurückgreifen. Dieser ist in Zusammenarbeit von Kommunen mit Mieter- und Hausbesitzervereinen ermittelt, besitzt jedoch keine Verbindlichkeit.[42]

Neben den Vergleichsmieten sind Mietgutachten und Vergleichswohnungen hilfreich, um die berechnete kostendeckende Nettokaltmiete auf eine Umsetzbarkeit hin zu überprüfen. Kann in demselben Wohngebäude oder zumindest in demselben Stadtteil bei drei kürzlich neu vermieteten Wohnungen eine Miete wie die

---

[42] Vgl. Pachowsky, R.: Profi-Handbuch Wohnungs- und Hausverwaltung, S. 32f

eigene errechnete kostendeckende Nettokaltmiete festgestellt werden, ist die Rechnung berechtigt und der Betrag darf als Nettokaltmiete angesetzt werden.

Letzten Endes dient die ortsübliche Vergleichsmiete zur Prüfung der berechneten kostendeckenden Nettokaltmiete auf Rechtmäßigkeit. Vermieter verfahren – je nach Ergebnis des Vergleichs – wie folgt:

◆ Errechnete Miete ist kleiner als ortsübliche Vergleichsmiete: Miete anheben, da Raum nach oben ist. Je höher die Miete, umso höher ist schließlich der Gewinn.

◆ Errechnete Miete gleicht der ortsüblichen Vergleichsmiete: Die Miete darf bis zur Mietpreisbremse angehoben werden, muss dies aber nicht, da bereits jetzt Gewinn gegeben ist. Alles weitere regeln die Mietpreiserhöhungen in der Zukunft.

◆ Errechnete Miete ist oberhalb der ortsüblichen Vergleichsmiete: Bis zur Mietpreisbremse von 10 % darf die Miete angehoben werden.

## Hinweis!

Obwohl eine Mietpreisbremse von 10 % existiert, ist es angeraten, diese Grenze nicht bis zum Maximum auszureizen. Denn die ortsübliche Vergleichsmiete ist ein vager Begriff. Sollte der Vermieter eine andere Vergleichsmiete errechnen als sie dem Gesetz nach zu gelten hat, geht er das Risiko ein, dass er die Grenze minimal überschreitet und Strafe zahlen muss.

Ausnahme von der Mietpreisbremse sind Neubauten, die erstmalig vermietet werden. Aufgrund der in diesem Fall höheren Kosten ist eine Miete oberhalb der Mietpreisbremse rechtlich gestattet. Wie hoch sie sein darf, ist aber nicht geklärt. Es ist angeraten, die gegeben Freiheiten nicht überzustrapazieren.

### Kosten auf den Mieter umlagern

Für den Schritt der Festsetzung der monatlichen Miete wird es notwendig, die umlagefähigen Kosten auf den Mieter umzulagern. Wie die Kosten auf Mieter umgelagert werden, ist Teil des nächsten Abschnitts, in dem es um die Festsetzung der monatlichen Miete geht. Hier geht es zunächst darum, sich einen Überblick darüber zu verschaffen, welche Kosten umlagefähig sind.

Ein erheblicher Anteil der Betriebskosten lässt sich auf den Mieter umlagern. Dies senkt die finanzielle Belastung für den Vermieter. Folgende Betriebskosten sind davon betroffen[43]:

- ◆ Grundsteuer

- ◆ Wasserversorgung: Kosten des Wasserverbrauchs, Miete der Komponenten zur Verbrauchsmessung, Kosten eigener Aufbereitungsanlagen und Aufbereitungsstoffe

- ◆ Entwässerung: Kosten des Betriebs einer Entwässerungspumpe, Gebühren für Haus- und Grundstücksentwässerung

- ◆ Kosten für Heizung und Warmwasseranlage nach den Regelungen der Heizkostenverordnung

- ◆ Sämtliche mit maschinellen Personen- und Lastenaufzügen in Verbindung stehende Kosten

- ◆ Kosten für Straßenreinigung und Müllabfuhr

- ◆ Hausreinigung und Ungezieferbekämpfung: Reinigung des Treppenhauses, der Flure, der Waschküchen etc.

- ◆ Gartenpflege: Erneuerung und Pflege des Pflanzenbestandes, Erneuerung von Zuwegen und Zufahrten, die privat sind, etc.

- ◆ Beleuchtung: Strom für Außenbeleuchtung und gemeinschaftliche Flächen

- ◆ Schornsteinreinigung

- ◆ Sach- und Haftpflichtversicherung: Versicherung des Gebäudes oder einzelner Komponenten; auch Gebäudehaftpflichtversicherung

---

[43] Vgl. Pachowsky, R.: Profi-Handbuch Wohnungs- und Hausverwaltung, 2019: S. 36ff

- Gemeinschaftsantennenanlage: Nutzungsentgelte für nicht zur Wirtschaftseinheit gehörende Antennenanlagen, Kosten des Betriebsstroms und der Betriebsprüfung der Anlage

- Mit einem Breitbandkabelnetz verbundene private Verteileranlage: Laufende monatliche Grundgebühren für Breitbandanschlüsse

- Maschinelle Wascheinrichtung: Kosten des Betriebsstroms, Kosten der Pflege und Wartung, Kosten der Wasserversorgung

- Betriebskosten der Nebengebäude und Außenanlagen

Einen Sonderfall stellt die Umlagerung der Kosten für einen Hauswart dar. Werden von einem Hauswart Arbeiten für die Wasserversorgung, Entwässerung, Heizung und Warmwasseranlage oder andere hier bereits aufgeführte umlagefähige Betriebskostenfaktoren durchgeführt, so dürfen die Kosten für die Arbeit des Hauswartes auf den Mieter umgelagert werden, aber nicht die Kosten für die Bereiche, in denen der Hauswart Arbeit leistet. Ansonsten wäre es eine doppelte Umlagerung der Kosten.

**Beispiel:**
*Ein Vermieter beauftragt den Hauswart damit, sich um die Gartenpflege zu kümmern. Er lagert die Kosten für die Leistung des Hauswarts UND die Kosten für die Gartenpflege auf die Mieter um. Das ist falsch! Denn hier bürdet er dem Mieter denselben Kostenfaktor doppelt auf. Korrekt ist es, wenn er die Kosten für den Hauswart auf den Mieter umlagert, aber die Bereiche, in denen der Hauswart die Arbeit erledigt, nicht ein weiteres Mal umlagert.*

Wichtig ist zudem, dass die Leistungen und somit die Kosten des Hauswartes nicht die Bereiche Instandhaltung, Instandsetzung, Erneuerung, Schönheitsreparaturen und Verwaltung betreffen dürfen. Für Schönheitsreparaturen tragen die Mieter laut Vertrag die Kosten bereits selbst, die anderen Posten betreffen die Verwaltung.

Wie hoch die jeweiligen Betriebskosten sind, erfahren Vermieter zum Beispiel durch den Verwalter, sofern es einen gibt. Der Verwalter liefert in seiner Abrechnung eine transparente Auflistung der Betriebskosten. Ist kein Verwalter eingesetzt und Vermieter kommen der Aufgabe der Verwaltung selbst nach, dann müssen sie aus der eigenen Buchhaltung und anhand der eigenen Belege für jeden der genannten Posten die Betriebskosten festlegen und die Kosten auf den Mieter umlagern. Dies geschieht in Form der Nebenkosten, die zusätzlich zur festgelegten Miete einberechnet werden.

## *Auskunftspflichten und Energieausweis*

Es bestehen für den Vermieter in vier Fällen Auskunftspflichten an den Mietinteressenten vor dem Vertragsabschluss[44]:

◆ Höhe der Miete ein Jahr vor Beendigung des Vormietverhältnisses

◆ Aufklärung über Modernisierungsmaßnahmen in den drei Jahren vor Beginn des angestrebten Mietverhältnisses mit dem Mietinteressenten

◆ Information, ob die Wohnung nach dem 01.10.2014 erstmals genutzt und vermietet wurde

◆ Information, ob das angestrebte Mietverhältnis mit dem Mietinteressenten die erste Vermietung nach umfassender Modernisierung wäre

Abgesehen von diesen Aspekten gehört der Energieausweis zur gesetzlich festgelegten Pflicht für den Vermieter. Ein Muster lässt sich unter dem folgenden Link des Bundesamts für Justiz und Verbraucherschutz einsehen: https://www.gesetze-im-internet.de/ normengrafiken/bgbl1_2013/j3951-1_0010.pdf

---

[44] Vgl. Pachowsky, R.: Profi-Handbuch Wohnungs- und Hausverwaltung, 2019: S. 34f

So erhält der Mietinteressent einen Eindruck von den Heizkosten, die das Gebäude verursacht. Bei der Besichtigung muss der Energieausweis des Gebäudes ausgehändigt oder sichtbar offengelegt werden.

## Zusammenfassung: Sorgfältige Auswahl der Mieter und Einhaltung der persönlichen Pflichten als Grundsteine für den Erfolg des Vermieters!

Mit Hilfe eines Maklers oder allein wird ein Pool aus Mietinteressenten zusammengestellt. Bei einer Arbeit mit dem Makler ist vertraglich klar zu definieren, welchen Umfang an Pflichten dieser hat. Dazu sollten idealerweise neben der Verpflichtung zur Wohnungsvermittlung, die er von Berufs wegen hat, ebenso die Verpflichtung zur Wahrnehmung von Besichtigungsterminen, Schaltung von Annoncen und Einholen von Schufa-Auskünften von den Mietinteressenten gehören. Ein Vertrag mit dem Makler bedarf stets der Schriftform. Bei einer alleinigen Suche nach Mietinteressenten ist das Schalten von Annoncen in Zeitungen sowie das Schalten von Online-Anzeigen möglich. Letztere geben mehr Raum für lange Texte und Ausführungen zur Immobilie. Sofern durch die Anzeigen Emotionen geweckt und die Vorteile der Wohnung attraktiv umschrieben werden, ist der wichtigste Schritt gemacht. Im weiteren Verlauf werden die Mietinteressenten empfangen. Hier ist der persönliche Eindruck bereits richtungweisend: Stimmt das Bauchgefühl nicht, ist von den jeweiligen Mietinteressenten abzuraten. Neben dem persönlichen Eindruck verleiht die Mieterselbstauskunft in Kombination mit Gehaltsabrechnungen und Schufa-Auskünften Klarheit, inwiefern die Mietinteressenten zahlungskräftig und zuverlässig sein könnten. Zu guter Letzt ist der Mietvertrag aufzusetzen. Im Zuge dessen hat der Vermieter Auskunftspflichten, deren Einhaltung Grundlagen für einen konfliktfreien Verlauf des Mietverhältnisses legt. Außerdem ist im Mietvertrag die Höhe der Mietzahlungen festgelegt. Diese werden zunächst anhand der kostendeckenden Nettokaltmiete errechnet und abschließend durch einen Vergleich mit der ortsüblichen Vergleichsmiete festgesetzt.

# 5. Schritt:
# Mieteinnahmen steigern und Steuererklärungen gewissenhaft erledigen

Mit diesem Kapitel werden die Weichen für eine Fortsetzung der Tätigkeit als Vermieter nach dem Abschluss des ersten Mietvertrags gestellt. Während der fortlaufenden Dauer ist der Sinn einer Kapitalanlage weitestgehend erfüllt: Der Kapitalanleger vermietet und muss keinen Pflichten nachgehen, da sich die Verwaltung als Dienstleister um die Anliegen der Mieter kümmert und die Buchhaltung erledigt. Unter Umständen entscheidet sich der Vermieter gegen eine externe Verwaltung und kommt den Pflichten selbst nach; doch auch in diesem Fall erfordern die eigenen Verpflichtungen kaum Arbeitsaufwand und das angelegte Kapital arbeitet für den Vermieter. So weit, so gut... Aber an einigen Stellen treten Aufgaben auf, die es doch zu bewältigen gibt. Selbst wenn der Mieter 20 Jahre lang oder über einen noch längeren Zeitraum in der Wohnung wohnt, sind vereinzelt Pflichten zu erfüllen. Dies trifft beispielsweise auf die jährlichen Steuererklärungen zu. Diesbezüglich klärt dieses Kapitel mit umfangreichen Ausführungen auf, wie eine Steuererklärung ordnungsgemäß in verschiedenen Szenarien auszufüllen ist. Neben den Steuererklärungen hat der Vermieter das Ziel, die Miete im Laufe der Zeit zu steigern, damit auch die Rendite steigt und – je nach eigener Planung – weitere Immobilien finanziert werden können. Mechanismen und Vorschriften zur Mietsteigerung finden aus diesem Grund ebenfalls in den folgenden Abschnitten Anklang. Hinweise zur Instandhaltung runden das Portfolio an Pflichten und Perspektiven des Vermieters im Laufe der Jahre ab. Dieses Kapitel bildet das letzte Glied der Schritt-für-Schritt-Anleitung zur Vermietung von Immobilien und komplettiert den erforderlichen Wissensstand.

# Mietsteigerung

Die Mietsteigerung ist das Schreckgespenst vieler Mieter. Angesichts der steigenden Mieten in den Big Cities München, Stuttgart, Berlin und weiteren ist dies wenig verwunderlich. Was jedoch nicht vergessen werden darf ist, dass dort die Mieten so stark steigen, weil sie bereits hoch sind. Zum besseren Verständnis ein Beispiel: Wird eine Miete um 10 % erhöht, die bei 400 € netto liegt, dann bewirkt dies einen Anstieg um 40 €. Sollte jedoch die typische Münchner Miete, die wir einfach mal mit 1.000 € ansetzen, um 10 % erhöht werden, würde dies einen Anstieg um 100 € bedeuten. Dieses Beispiel veranschaulicht, dass der prozentuale Anteil der Mietsteigerung in allen Städten rein theoretisch gleich sein dürfte, jedoch durch die Beträge verschieden ausfällt. Diese Tatsache soll keineswegs von der grundlegenden Problematik in München ablenken, allerdings verdeutlichen, dass in den kleineren Städten, in denen Kapitalanleger anfangen sollten, die Mietsteigerungen weniger problematisch und zu einem höchstens kleinen Schreckgespenst für die Mieter werden. Dennoch gibt es einige Regelungen bei der Mieterhöhung zu beachten.

## Gesetzliche Vorschriften

§ 558 des BGB (Bürgerliches Gesetzbuch)[45] regelt die Vorschriften zur Mieterhöhung. Ausgangspunkt ist die Erlaubnis für den Vermieter, die Miete bis zur ortsüblichen Vergleichsmiete zu erhöhen. Hierfür existieren bestimmte Bedingungen. Zum einen muss die Miete seit 15 Monaten unverändert sein, zum anderen darf sich die

---

[45] Vgl. https://www.gesetze-im-internet.de/bgb/__558.html

Miete innerhalb eines Zeitraums von drei Jahren nicht um mehr als 20 % erhöhen.

**Hinweis!**

Im Falle der Big Cities darf sich die Miete innerhalb dreier Jahre nicht um über 15 % erhöhen. Die strengeren Vorschriften rühren daher, dass die Versorgung der Bevölkerung mit ausreichend Wohnraum sichergestellt sein soll.

Es ist nicht gestattet, von dieser Regelung abweichende Regelungen mit dem Mieter zu treffen. Wird dies dennoch im Mietvertrag gemacht, sind die Regelungen unwirksam. Sollte der Mieter bereits gezahlt haben, hat der Vermieter die Beträge zu erstatten.

Bei alledem existieren jedoch Ausnahmen, die gesetzlich verankert sind.

## *Mietsteigerung bei Mieterwechsel*

Ein Schlupfloch zur Mieterhöhung tut sich beim Mieterwechsel auf. Während bei einem durchgängigen Mietverhältnis die Miete in einem Jahr nicht innerhalb von 15 Monaten zweimal zur ortsüblichen Vergleichsmiete erhöht werden darf, ist dies bei einem Mieterwechsel anders. Angenommen, Mieter A hätte vor drei Monaten eine Mieterhöhung zur ortsüblichen Vergleichsmiete erhalten und sei daraufhin innerhalb der nächsten vier Monate ausgezogen. Kommt nun der Folgemieter B, dann ist trotz des Zeitraums von sieben Monaten seit der letzten Mieterhöhung eine neuerliche Mieterhöhung zur Vergleichsmiete gestattet. Grund dafür ist der Mieterwechsel, der stattgefunden hat. Von der Mieterhöhung ist nicht mehr ein und dieselbe Person betroffen, sondern eine andere.

## *Erhöhung durch gestiegene Betriebskosten*

Sollten die Betriebskosten steigen, z. B. die Heiz- und Stromkosten oder die Kosten für die Müllabfuhr, dann handelt es sich um umlagefähige Betriebskosten, die auf den Mieter umgelagert werden sollten. Dies ist allerdings im Mietvertrag zu verankern. § 560 BGB[46] besagt, dass die Erhöhung der Betriebskostenpauschale dem Mieter in Schriftform mitgeteilt werden muss und erst für den übernächsten Monat wirksam sein darf. Andersherum ist der Vermieter ebenso dazu verpflichtet, die Betriebskostenpauschale in der Miete zu senken, falls sich auch die Betriebskosten senken. Es ist stets nur das umlagefähig, was im Mietvertrag vermerkt ist. Es handelt sich bei diesem Aspekt um keine Erhöhung des Mietertrags, sondern um eine Senkung der eigenen Betriebskosten durch die Umlage auf den Mieter.

## Rolle von Modernisierungen

Sanierungen und Renovierungen sind keine Rechtfertigung, die Miete zu erhöhen. Sie sind der Instandhaltung oder Instandsetzung zuzuordnen und werden als Betriebskosten vom Vermieter getragen. So sind sie auch steuerlich geltend zu machen. Ein Teil der Instandhaltungskosten kann auf den Mieter umgelagert werden, wie bereits das vorige Kapitel erklärte.

Neben diesen Maßnahmen gibt es Modernisierungen, – § 555 b BGB[47] definiert, worum es sich bei Modernisierungen handelt – die es ermöglichen, die Miete zu erhöhen. Doch auch hier hat der Gesetzgeber strenge Regularien geschaffen. Diese wiederum sind in § 559 BGB[48] festgehalten:

♦ Die jährliche Miete darf jährlich um 8 % der für die Modernisierung aufgewendeten Kosten erhöht werden.

♦ Die monatliche Miete darf sich innerhalb von sechs Jahren nicht um mehr als 3 € pro Quadratmeter erhöhen. Sollte sie zuvor insgesamt weniger als 7 € pro Quadratmeter betragen haben, darf sie sich nicht um über 2 € pro Quadratmeter erhöhen.

---

[46] Vgl. https://www.gesetze-im-internet.de/bgb/__560.html
[47] Vgl. https://www.gesetze-im-internet.de/bgb/__555b.html
[48] Vgl. https://www.gesetze-im-internet.de/bgb/__559.html

♦ Die Miete darf inklusive der Betriebskosten keine unange-
messene Härte aufweisen, die angesichts der Interessen des
Mieters nicht zu würdigen ist.

## Hinweis!

Die Erhöhung der Miete zur ortsüblichen Vergleichsmiete und die
Erhöhung aufgrund gestiegener Betriebskosten ist von diesen Kalkulationen ausgeschlossen. Sie kommt ergänzend hinzu und lässt sich
zusätzlich zu der Erhöhung durch Modernisierungsmaßnahmen zählen.

Tatsächlich lässt also auch das Gesetz – wie der letzte Punkt zeigt
– einiges an Ermessensspielraum für Vermieter. Dementsprechend
ist bei der Mieterhöhung eine angemessene Linie zu fahren. Die
Miete sukzessive zu erhöhen, ist empfehlenswerter als die Miete
schlagartig zu erhöhen und in einen Konflikt mit Mieter und Gesetz zu geraten.

# Instandhaltung

Für gewöhnlich wird die Instandhaltung von der Verwaltung über-
nommen. Um die Kosten für Maßnahmen zur Instandhaltung oder
Instandsetzung zu stemmen, verwendet die Verwaltung das Geld aus
der Instandhaltungsrücklage, bis diese aufgebraucht ist. Daraufhin
oder – sollte keine Instandhaltungsrücklage vorhanden sein – direkt
am Anfang der Maßnahme legt die Verwaltung die Kosten aus und
stellt dem Vermieter eine Rechnung für die Kosten aus. Alternativ ist
es möglich, dass die Verwaltung kein Geld auslegt und direkt zu Beginn vom Vermieter finanzielle Mittel für die Instandhaltung fordert.
Instandhaltung und Instandsetzung sind notwendig, damit das Gebäude bzw. die Wohnung bewohnbar ist und Ertrag abwirft.

Um zu vermeiden, dass auftretende Kosten den Vermieter finanziell treffen, ist empfohlen, Instandhaltungsrücklagen zu bilden.
Dies geschieht idealerweise jährlich und ist in einer in Relation
zum Gebäude, zur Wohnung und zur Wohnfläche gerechtfertig-
ten Höhe empfohlen. Bei einer Wohnungseigentümergemeinschaft ist die an die Verwaltung gezahlte Instandhaltungsrücklage

Eigentum der Gemeinschaft. Der Verwalter ist dazu verpflichtet, sie zinsgünstig anzulegen. In der Steuererklärung ist die Instandhaltungsrücklage nicht anzugeben. Erst wenn ein Teil des vom Vermieter eingezahlten Geldes tatsächlich für die Instandhaltung gebraucht und somit ausgegeben wird, ist die Ausgabe unter den Betriebskosten steuerlich absetzbar.

## Hinweis!

Wenn der Kapitalanleger seine Wohnung frisch erwirbt, kauft er damit auch die Instandhaltungsrücklagen. Diese sind vom Kaufpreis der Immobilie zu trennen. Weist der Verkäufer Instandhaltungsrücklagen in Höhe von 8.000 € auf, so sind diese vom Kaufpreis der Immobilie zu subtrahieren, um die richtige Höhe der Grunderwerbsteuer und Grundsteuer festzusetzen. Sollte keine Instandhaltungsrücklage erworben werden, weil sich der vorige Verkäufer nicht darum gekümmert hat, dann ist kein Rechenvorgang diesbezüglich erforderlich.

In WEGs ist die Höhe der Instandhaltungsrücklage festgelegt. Sollte der Vermieter ohne eine WEG agieren, wird er die Höhe der Instandhaltungsrücklage selbst bestimmen müssen. Hierbei gibt es verschiedenste Berechnungsmethoden. Grundsätzlich ist empfohlen, sich zu Beginn den Zustand des Gebäudes sowie der eigenen Wohnung anzusehen. Die Baualtersklasse ist ebenfalls mit einzubeziehen. Nun gilt es, einen realistischen jährlichen Rücklagebetrag anzusetzen, der bei auftretenden Schäden oder Mängeln eine schnelle Behebung ermöglicht. Als Richtwert lassen sich bei einem 20 Jahre alten Gebäude beispielsweise 0,8 % des Kaufpreises pro Jahr für die Instandhaltungsrückstellung anführen. (Hebisch, 2018[49])

# Steuererklärung: Wie's richtig gemacht wird!

Teil der fortwährenden Tätigkeit als Vermieter sind die jährlichen Steuererklärungen. Wird bereits aufgrund einer anderen selbstständigen Tätigkeit mit einem Steuerberater zusammengearbeitet, lohnt

---

[49] Vgl. Hebisch, B.: Immobilien richtig besichtigen, 2018. S. 56

es sich, die Steuererklärung durch den Steuerberater komplett – also Einnahmen und Ausgaben durch die Tätigkeit als Vermieter inklusive – erledigen zu lassen. Ist man aber angestellt oder arbeitet aus anderen Gründen ohne Steuerberater, dann würde die Beauftragung mit der Steuererklärung aufgrund der Vermieter-Tätigkeit einen zusätzlichen finanziellen Mehraufwand verursachen. Hier empfiehlt es sich, die Steuererklärung selbst durchzuführen. Diese ist im Grunde genommen äußerst einfach zu begehen.

Als Basis dafür dient die Anlage V der Einkommenssteuererklärung, die es unter folgendem Link zum Einsehen gibt: https://redaktion.lohnsteuer-kompakt.de/wp-content/uploads/2019/01/Anlage_V_2018.pdf

Die oberen Zeilen auszufüllen, ist recht einfach: Es werden Vor- und Nachname eingetragen. Zudem ist die persönliche Steuernummer anzugeben. Danach folgen Angaben zum bebauten Grundstück:

## *Einkünfte aus dem bebauten Grundstück*

♦ Straße und Hausnummer

♦ Datum der Anschaffung (bei Eigenbau Datum der Fertigstellung)

♦ Postleitzahl und Ort

♦ Einheitswert-Aktenzeichen (ist in dem letzten Grundsteuer-Bescheid auffindbar; ist keines angegeben, wird die Stelle freigelassen)

♦ Angaben, ob das vermietete Objekt ganz oder zum Teil als Ferienwohnung genutzt wird und Angaben, ob es zu Wohnzwecken an Angehörige vermietet wird

♦ Gesamte Wohnfläche; findet die Vermietung nur zum Teil statt, da ein Teil eigengenutzt wird, ist der eigengenutzte Anteil ebenfalls einzutragen. Als Ferienwohnung genutzter Raum ist ebenfalls anzugeben

- Nettokaltmiete für die Wohnung (die Umlage der Betriebskosten bleibt außen vor); Die Wohnung ist dem richtigen Geschoss zuzuordnen, die Geschosse, in denen keine Wohnung vermietet wird, werden mit keinen Daten ausgefüllt

- Rechts werden die Gesamteinnahmen angegeben

- Sollten andere Räume zur Wohnung zusätzlich vermietet werden, wird dies gesondert in Zeile 11 erneut ohne Umlagen und auch ohne Umsatzsteuer ausgewiesen

- Einnahmen für an Angehörige vermietete Wohnungen sind in der Zeile 12 separat aufzuführen

- In Zeile 13 und 14 werden die Umlagen an die Mieter angegeben und mit eventuellen Erstattungen verrechnet. Zeile 13 betrifft den an Fremde vermieteten Wohnraum sowie die an Fremde vermieteten zusätzlichen Räume, während Zeile 14 den an Angehörige vermieteten Wohnraum betrifft

- Zeile 15: Sollten Mieteinnahmen in diesem Jahr verzeichnet worden sein, die auf frühere Jahre zurückzuführen sind, aber in diesem Jahr vereinnahmt wurden, werden sie hier angegeben. Zusätzlich werden auch verrechnete Mietkautionen angegeben, wenn beispielsweise ein Mieter die Miete nicht zahlen konnte und dafür das Geld aus seiner Mietkaution entnommen wurde. Auch Mietvorauszahlungen auf das nächste Jahr sind hier einzukalkulieren. Alle Einnahmen aus den genannten Posten werden zusammengerechnet und unter diesem Punkt angegeben.

- Zeile 16: Hier werden Einnahmen aus der Vermietung von Werbeflächen, Garagen sowie Grund und Boden für Kioske u. Ä. angegeben. Sollte beispielsweise die Außenfassade der vermieteten Immobilie mit einem Werbeplakat versehen sein, wofür Mieteinnahmen ausgezahlt werden, sind die Erträge hieraus in Zeile 16 anzugeben.

- In Zeile 17 wird die vereinnahmte Umsatzsteuer – falls diese vereinnahmt wurde – eingetragen.

- Zeile 18: Wurden vom Finanzamt die Umsatzsteuern erstattet oder verrechnet, dann sind diese hier anzugeben. So werden die vereinnahmten Umsatzsteuern aus Zeile 17 egalisiert und zum durchlaufenden Posten.

◆ Zeile 21: Hier wird die Summe sämtlicher Einnahmen eingetragen.

◆ Zeile 22: Von den Einnahmen werden nun die Werbungskosten subtrahiert. Die Werbungskosten werden aus Zeile 50 übertragen. Diese Stelle ist zunächst freizulassen und wird nachgetragen, sobald die Werbungskosten errechnet wurden.

◆ Zeile 23: Führt nach Abzug der Werbungskosten den Überschuss aus.

◆ Zeile 24: Der Überschuss wird dem sonstigen Einkommen der steuerpflichtigen Person sowie deren Ehepartner zugerechnet.

## Anteile an Einkünften

Ist bei Grundstücksgemeinschaften, geschlossenen Immobilienfonds sowie Gesellschaften wichtig. Es ist selbsterklärend und wird hier nicht weiter ausgeführt.

## Andere Einkünfte

Zeile 31 wird mit Einkünften aus der Untervermietung versehen, während in Zeile 32 die Erträge aus der Vermietung und Verpachtung unbebauter Grundstücke eingetragen werden. Letzteres schließt auch die Vermietung von Gegenständen ein.

## Werbungskosten

Die Angabe der Werbungskosten muss das in den Zeilen 4 und 5 benannte Grundstück betreffen. Werden weitere Grundstücke bzw. Wohnungen in anderen Wohngebäuden/Grundstücken vermietet, sind diese in einer weiteren Anlage separat aufzuführen.

◆ Zeile 33: Hier wird die Gebäudeabschreibung geltend gemacht. Gemäß den auf das Gebäude anwendbaren AfA-Sätzen, die partiell in diesem Buch und ausführlich im ersten

Buch der Reihe thematisiert wurden, ist die lineare oder degressive Methode anzukreuzen. Der Prozentsatz wird ermittelt und eingetragen. Sollte der prozentuale Abschreibungssatz derselbe wie im vergangenen Jahr sein, gibt es daneben ein Feld, in dem „wie 2018" angekreuzt wird, wenn die Erklärung für das Jahr 2019 gemacht wird. Der Gesamtbetrag wird im Feld daneben angegeben. Sollte das Gebäude nicht komplett vermietet werden, ist in den Feldern daneben das Kreuz zu setzen, ob „durch direkte Zuordnung ermittelt" oder „verhältnismäßig ermittelt" wurde. Ganz rechts werden die abzugsfähigen Werbungskosten durch die AfA endgültig angegeben.

### Hinweis!

Wird erstmals die Steuererklärung für ein Gebäude gemacht, sind die Kaufunterlagen einzureichen. Darüber hinaus sind die Kaufnebenkosten außen vor zu lassen und der Bodenwert anhand der Bodenrichtwerttabelle zu subtrahieren.

♦ Zeile 34: Wird ein Gebäude mit Denkmalschutz vermietet, sind hier die Sonderregelungen bei der Abschreibung zu beachten, die im nächsten Kapitel aufgeführt sind.

♦ Zeile 35: Betrifft die Wirtschaftsgüter im Gebäude, die nicht dessen Teil sind, aber zusätzlich vermietet werden. Beispiel: Innenausstattung. Diese werden nach individuellen Sätzen abgeschrieben. Da Vermieter in der Regel die Wohnung allein vermieten, wird auf diesen Aspekt nicht weiter eingegangen.

♦ Zeile 36: Hier werden die Schuldzinsen in ihrer für dieses Jahr geltenden Höhe eingetragen. Sollte ein Disagio bestehen, ist dieses sofort im Jahr der Zahlung ebenfalls abzugsfähig.

♦ Zeile 37: Beschaffungskosten für das Geld (z.B. Schätz-, Notar- und Grundbuchgebühren) sind in diesem Feld einzutragen.

- Zeile 39: Erhaltungsaufwendungen, die im Jahr für die Steuererklärung stattgefunden haben und direkt zugeordnet werden können

- Zeile 40: Kosten, die verhältnismäßig abzurechnen sind, weil beispielsweise das Gebäude zum Teil eigengenutzt wird

- Zeile 41: Es wird der gesamte Aufwand für das Jahr 2018 angegeben. Im Feld rechts erfolgt die Angabe, welcher Betrag direkt im Jahr 2018 abgezogen wird. Sollten größere Aufwendungen stattgefunden haben, wird ein Teilbetrag 2018 abgezogen und der Rest auf zwei bis fünf Jahre verteilt. Erläuterungen diesbezüglich gab es bereits im ersten Werk der Reihe.

- Zeile 42-45: Diese betreffen das eben erwähnte Szenario, bei dem der Anteil größerer Aufwendungen für Erhaltungsmaßnahmen auf die Jahre aufgeteilt wird und dann Jahr für Jahr steuerlich geltend gemacht wird.

- Zeile 46: Eine Reihe an Kostenfaktoren ist hier aufgeführt, wozu Grundsteuer, Betriebskosten und Versicherungen gehören. Die Gesamtkosten werden eingetragen. Dadurch, dass bereits in dem obigen Abschnitt *Einkünfte aus dem bebauten Grundstück* die Umlagen auf den Mieter aufgeführt wurden, sind die Umlagen berücksichtigt. Es erfolgt durch Nennung unter den persönlichen Betriebskosten keine doppelte Abrechnung.

- Zeile 47: Sofern eine externe Verwaltung gegeben ist, sind hier deren Kosten anzugeben.

- Zeile 48: Ist eine umsatzsteuerpflichtige Vermietung, z. B. Gewerbeimmobilien, gegeben, wird die ans Finanzamt gezahlte oder verrechnete Umsatzsteuer angegeben.

- Zeile 49: Sollten sonstige Kosten (z. B. für einen Kabelanschluss) gegeben sein, sind diese hier einzutragen. Vorsteuerbeträge aus umsatzsteuerpflichtiger Vermietung sind ebenfalls einzutragen.

- Zeile 50: Die Summe aller Werbungskosten wird zusammengetragen und in Zeile 22 übertragen.

♦ Zeile 51: Sollten in den Werbungskosten und sonstigen Kosten abziehbare Vorsteuerbeträge (siehe Zeile 49) aufgrund umsatzsteuerpflichtiger Vermietung gegeben sein, werden diese hier gesondert aufgeführt.

♦ Zeile 52: Sofern Zuschüsse aus öffentlichen Mitteln (z. B. durch die KfW-Bank) bei den Anschaffungs- und Herstellungskosten der Immobilie gegeben sind, werden diese angegeben.

# Zusammenfassung: Rechtmäßigkeit als Ziel!

Mietsteigerungen und Steuererklärungen gewissenhaft und korrekt durchzuführen, ist ein integraler Bestandteil des Lebens als Vermieter. Jeder Selbstständige kann ein Lied davon singen, wie gravierend und folgenreich Konflikte mit dem Finanzamt sein können, wenn sie erst einmal eingetreten sind. Deswegen ist nahezulegen, auf Nummer sicher zu gehen und Mietsteigerungen mit Geduld anzugehen. Steuererklärungen selbst auszufüllen, ist nicht schwer. Doch ein Steuerberater ist zweifellos zu bevorzugen. Auch bei der Hinzuziehung eines Steuerberaters sind die Erkenntnisse dieses Kapitels zum Thema Steuererklärung hilfreich, da dadurch dem Steuerberater durch Sortieren der Unterlagen und Nennung sowie Errechnungen der wichtigsten Kennzahlen eine bessere Vorarbeit zugespielt werden kann. Dies senkt die Kosten für dessen Dienstleistung möglicherweise. Zuletzt ermöglichen Instandhaltungsrücklagen die Ansammlung eines Betrags, der bei plötzlichen Schäden an der Wohnung angezapft werden kann, um deren Behebung schnellstmöglich zu gewährleisten.

# Sonderformen der Vermietung

Den Sonderformen gehören die Vermietung denkmalgeschützter Immobilien sowie von Messen- und Ferienunterkünften, Sonnendächern und Drehorten an. Sie erweisen sich dahingehend als besonders, als dass die gesetzlichen Regelungen anders ausfallen als bei Wohngebäuden und Häusern. Während beispielsweise denkmalgeschützte Immobilien Steuervorteile in der Abschreibung und Förderungen bei der Instandsetzung genießen, ist bei Messen- und Ferienunterkünften eine kurzfristige Vermietung die Norm. Bei kurzfristiger Vermietung steigen die Gewinnaussichten, wenngleich der Eigenaufwand ebenso zunimmt. Die Vermietung des Dachs an Investoren, damit diese Photovoltaikanlagen montieren können, beschränkt sich rein auf das Dach und ist in Kombination mit einer zusätzlichen Vermietung als Wohngebäude möglich. Wird die eigene Immobilie als Drehort zur Verfügung gestellt, handelt es sich um ein kurzfristiges Geschäft, wenngleich ein äußerst ertragreiches.

## Denkmalgeschützte Immobilien

Denkmalgeschützte Immobilien stellen eine Besonderheit in der Vermietung dar. Dies gilt zum einen aufgrund steuerlicher Regelungen, zum anderen wegen der Vorgaben bei Renovierungen, Sanierungen und Modernisierungsmaßnahmen. Es ist anhand der staatlichen Vorgaben und des Gebäudezustands zu beurteilen, ob sich eine Kapitalanlage in eine denkmalgeschützte Immobilie lohnt. Darüber hinaus spielt erneut die Lage nach den Kriterien, die im ersten Kapitel wiederholt wurden, eine Rolle.

## *Vorgaben des Staates zu Maßnahmen im und am Gebäude*

Denkmalgeschützte Gebäude weisen eine hohe Bedeutung in kultureller sowie historischer Hinsicht auf. Es ist im Interesse des Staates, den Erhalt dieser Gebäude zu sichern. In einigen Fällen gelingt dies durch eine Umwandlung in Museen oder öffentliche Einrichtungen anderer Art. Doch es verbleiben denkmalgeschützte Immobilien, die nicht in öffentliche Einrichtungen umgewandelt werden, da ein spezieller Verwendungszweck fehlt oder der Aufwand hierfür zu groß wäre. Dementsprechend stehen sie entweder leer, werden von einzelnen Hausverwaltern betreut oder sind gar in den Händen von Hauswächtern, eines neuen Konzepts, welches von den Niederlanden ausgehend in den vergangenen Jahren vermehrt in Deutschland Einzug erhält. Hauswächter sind Personen oder Personengemeinschaften, die das Gebäude vorübergehend bewohnen und es durch die Heizung und Pflege instand halten. Im Gegenzug wohnen sie zu günstigen Preisen im Gebäude.

Da aber die Hauswächter und Verwalter nur eine Übergangslösung sind und leerstehende Gebäude nicht zur Debatte stehen, ist es vom Staat gern gesehen, wenn eine Person Interesse an einem denkmalgeschützten Gebäude zeigt – sei es zur Eigennutzung oder zur Vermietung. Bei großen Gebäuden wie Schlössern oder Jugendvillen, mag eine Trennung in mehrere Wohneinheiten mit anschließender Vermietung aus Sicht von Kapitalanlagern lukrativ erscheinen. Nichts geringeres ist dem Gut Hohehorst in Niedersachsen an der Grenze zu Bremen bei dessen Verkauf vor einigen Jahre widerfahren[50]: Es wurde und wird nach wie vor samt Nebenanlagen auf dem 21 Hektar großen Grundstück in Wohneinheiten aufgeteilt, die vermietet werden sollen. Für ein Schloss mit Nebenhäusern und 21 Hektar Land flossen mindestens eine Million Euro von der Investorengesellschaft an den Staat. Das ist ein für ein Ausmaß dieser Wohnanlage günstiger Preis. Hie-

---

[50] Vgl. https://weserreport.de/2016/08/bremen-bremen/panorama/bremen-gibt-sein-herrenhaus-niedersachsen/

rin verbirgt sich ein Vorteil denkmalgeschützter Immobilien für Kapitalanleger: Ein verhältnismäßig guter bis sehr guter Preis. Dieser hat allerdings seinen Grund, der in dem hohen Bedarf an Renovierungs- und Sanierungsmaßnahmen gegeben ist. Diese Renovierungs-, Sanierungs- und individuellen Umbaumaßnahmen dürfen allerdings nicht irgendwie erfolgen, sondern müssen von der Denkmalschutzbehörde, einem Organ der Landesregierung, genehmigt werden.

Die Vorgaben für Vermieter bei der Vermietung denkmalgeschützter Immobilien reichen so weit, dass eine Genehmigung der Denkmalschutzbehörden bei sämtlichen Sanierungs- und Renovierungsmaßnahmen erforderlich ist. Sollte eine Ablehnung erfolgen, darf eine Maßnahme nicht durchgeführt werden. Dementsprechend gestaltet es sich als äußerst schwierig in der Umsetzung, ein bestehendes Schloss oder eine Villa in einzelne Wohneinheiten aufzuteilen. Doch Fragen kostet bekanntlich nichts: Bei einer Anfrage muss ohnehin das eigene Vorhaben mit der Immobilie geschildert werden. Sollte sich im Zuge dessen herausstellen, dass die Eingrenzungen des Staates keine Basis für eine Vermietung geben, ist vom Kauf einer denkmalgeschützten Immobilie abzuraten. Zeigen sich hingegen Überschneidungen und werden zielführende Kompromisse geschlossen, ist es möglich, auf einen gemeinsamen Nenner zu kommen.

## Hinweis!

Denkmalgeschützte Immobilien zur Vermietung haben einen Besonderheitswert, der auf einzelne Mieter anziehend wirkt. Es lässt sich davon ausgehen, dass bei einer guten Lage die Vermietung einer denkmalgeschützten Immobilie ein lukratives Geschäft abbilden wird. Selbst eine nachteilige Lage hat hohes Potenzial, da Mieter zugunsten einer geschichtsträchtigen und kulturell wertvollen Wohnung bereit sein können, Umwege in Kauf zu nehmen.

Der Kauf einer denkmalgeschützten Immobilie bringt hohe zu erwartende Renovierungs- und Sanierungskosten mit sich. Zu diesen kann der Staat Käufer vertraglich verpflichten. Gleiches trifft auf Modernisierungsmaßnahmen, wie beispielsweise den Umstieg auf erneuerbare Energien, zu. Grund für den hohen Bedarf ist das Alter das Gebäudes, welches Abnutzungserscheinungen bedingt. Demzufolge hat der Käufer neben dem bloßen Betrag für den Kauf der Immobilie und die Kaufnebenkosten großzügig Kosten für aufwertende Maßnahmen nach dem Kauf einzuplanen.

## Steuervorteile und Förderungen bei denkmalgeschützten Immobilien

Den hohen Kosten für den Vermieter und dessen Beitrag zum Erhalt der Immobilie begegnet der Staat mit Wohlwollen, was sich in Steuererleichterungen äußert. § 7h EStG[51] sieht vor, dass im Jahr des Kaufs und in den darauffolgenden sieben Jahren jeweils 9 % der Herstellungskosten für Modernisierungs- und Instandsetzungsmaßnahmen abgeschrieben werden dürfen. In den darauffolgenden vier Jahren dürfen 7 Prozent dieser Herstellungskosten abgeschrieben werden. Führt man sich vor Augen, dass exakt diese Kosten bei denkmalgeschützten Immobilien hoch ausfallen, so ist es möglich, dass ein wesentlicher Teil der Kosten im Zusammenhang mit der Immobilie in den ersten zwölf Jahren nach Kauf und Modernisierung sowie Instandsetzung abgeschrieben ist. Was dies rechnerisch bedeutet und wie es sich in der Praxis umsetzen lässt, wird in Kürze anhand zweier Beispielrechnungen illustriert.

Zentrale Vorgabe zur Abschreibung der Herstellungskosten ist, dass es sich ausschließlich um Kosten für Maßnahmen handelt, die dem Erhalt des Gebäudes oder dessen sinnvoller Nutzung dienen. Eine Bescheinigung, ob die angedachten Maßnahmen als sinnvoll zur Nutzung angesehen werden, ist bei der Denkmalschutzbehörde einzuholen. Die Denkmalschutzbehörde ist in der Regel beim Bauamt des Kreises oder der Kommune auffindbar.

---

[51] Vgl. https://www.gesetze-im-internet.de/estg/__7h.html

# Hinweis!

Im Gegensatz zum Kauf und zur steuerlichen Geltendmachung bei gewöhnlichen Wohngebäuden sind im Falle denkmalgeschützter Immobilien sogar Eigennutzer steuerlich entlastet. Diese dürfen über eine Dauer von zehn Jahren je neun Prozent pro Jahr als Kosten für die Erhaltung des Gebäudes steuerlich absetzen. Dazu zählen beispielsweise die Kosten für die Sanierung und Modernisierung hinzu. Es ist dabei irrelevant, wie hoch die Kosten ausfallen. Dieser Vorzug ist bei dem Kauf einer nicht denkmalgeschützten Immobilie nicht gegeben. Hier dürfen lediglich 20 % der Handwerkerkosten bis maximal 1.200 € im Jahr steuerlich geltend gemacht werden.

Neben den Steuervorteilen unterstützt die KfW-Bank, die bereits in diesem Buch Anklang fand, sowohl Eigennutzer als auch Vermieter bei Modernisierungsmaßnahmen. Hierzu hat die KfW-Bank zum einen mit dem KfW-Effizienzhaus-Denkmal[52] einen eigenen Standard geschaffen, zum anderen Einzelmaßnahmen definiert, die gefördert werden. Der Standard KfW-Effizienzhaus-Denkmal stellt dabei strengere Anforderungen als die Einzelmaßnahmen, bringt im Gegenzug eine höhere potenzielle Förderung mit ein: Die Förderung einer Komplettsanierung zum KfW-Effizienzhaus-Denkmal liegt pro Wohneinheit bei bis zu 100.000 €, während bei einer Teilsanierung – also den Einzelmaßnahmen – bis zu 50.000 € für jede Wohneinheit beträgt.

Neben der Förderung durch die KfW-Bank stehen Fördermittel der Länder und Kommunen zum Erhalt frei. Diese werden bei den Kommunen beantragt und sind pauschal nicht zu definieren. Hier sind Vermieter in der Pflicht.

Da im Zuge der Förderungen ein Umstieg auf alternative Energien forciert wird, soll dazu ein Wort verloren werden, da hier denkmalgeschützte Immobilien eine besondere Stellung aufweisen. Während bei nicht denkmalgeschützten Gebäuden ein Ener-

---

[52] Vgl. https://www.kfw.de/inlandsfoerderung/Privatpersonen/Bestands-immobilien/Energetische-Sanierung/KfW-Effizienzhaus-Denkmal/

gieausweis Pflicht ist und die Energieeinsparverordnung gilt, verhält es sich bei denkmalgeschützten Immobilien im folgenden Fall anders: Sollten Substanz oder Erscheinungsbild der Immobilie durch Maßnahmen zur Energieeinsparung beeinträchtigt werden oder sollte der Aufwand dafür zu hoch sein, kann von den Anforderungen der Verordnung abgewichen werden[53] (vgl. § 24 Absatz 6 EnEV). Ob dies auf die eigene Immobilie zutrifft, ist bei den landesrechtlichen Behörden zu erfragen. Ist dies der Fall, muss Mietern kein Energieausweis vorgezeigt werden. Dennoch lohnt es sich, freiwillig – sollten Aufwand und Folgen für die Immobilie nicht negativ sein – einen Energieausweis zu beantragen. Lässt sich aus diesem nämlich erschließen, dass das Gebäude Kostenersparnisse in der Wärmegewinnung ermöglicht, lässt sich dadurch der Verkaufspreis positiv beeinflussen. Ebenso sinken die Nebenkosten der Miete, was den Vorgang der Mietersuche vereinfacht.

## Rechenbeispiele zur Vermietung einer denkmalgeschützten Immobilie

Die nachfolgenden zwei Rechenbeispiele veranschaulichen die steuerlichen Besonderheiten der Vermietung einer denkmalgeschützten Immobilie. Dabei zeigt sich allem voran, wie sich die beschleunigte Denkmal-Afa auf die Steuererklärung und die persönlichen Steuervorteile als Vermieter auswirkt.

**Beispielrechnung Nr. 1: Wilhelm D. vermietet eine Jugendvilla aus dem 19. Jahrhundert**

*Wilhelm D. hat eine Jugendvilla für 750.000 € erstanden. Abzüglich des Grundstückspreises verbleibt ein Wert von 520.000 € für das Gebäude, der abgeschrieben werden darf. Er wendet für Sanierungen, Renovierungen sowie Modernisierungen 400.000 € auf, von denen 130.000 € staatlich gefördert werden. Diese Herstellungskosten von 400.000 € ohne den geförderten Anteil – also 270.000 € – darf er über die Denkmal-Afa beschleunigt abschreiben. Das Gebäude lässt sich in 20 Wohneinheiten aufteilen, bei denen die Miete zu je 400 € anzusetzen ist. Die Verwaltungskosten belaufen sich auf knapp 4.000 € im Jahr. Für Versicherungen*

---

53  Vgl. https://enev-online.com/enev_2014_volltext/24_ausnahmen.htm

*gibt Wilhelm D. weitere 6.000 € im Jahr aus. Als Vermieter darf er die Herstellungskosten in dem ersten Jahr mit 9 Prozent und den Kaufpreis für das Gebäude (Baujahr 1911) im ersten Jahr mit 2,5 % abschreiben. Zunächst eine Übersicht über die Gesamtkosten:*

- *Einnahmen: 96.000 € jährlich durch Miete*

- *Ausgaben: 520.000 € Kaufpreis für das Gebäude, 270.000 € Eigenaufwand für Sanierung, Modernisierung und Renovierung, 4.000 € für die Verwaltung und 6.000 € für Versicherungen; also insgesamt 800.000 €*

*Nun ist es interessant, bei der Fortsetzung der Rechnung mit einem nicht denkmalgeschützten Gebäude zu vergleichen, welches nach dem 31. Dezember 1924 errichtet wurde. Dabei werden folgende Annahmen zugrunde gelegt:*

- *Da kein denkmalgeschütztes Gebäude gekauft wird, sinkt zwar der Bedarf für aufwertende und instand setzende Maßnahmen, aber es steigt der Kaufpreis auf rund 1,8 Mio. €.*

- *Das Grundstück hat in diesem Beispiel erneut einen Wert von 230.000 €, weswegen für das Gebäude ein Kaufbetrag von 1.570.000 € verbleibt.*

- *Die Mieteinnahmen werden höher geschätzt und mit 120.000 € angegeben. Die Kosten für die Verwaltung werden bei 4.000 € belassen, während die Versicherungskosten aufgrund des geringeren Risikofaktors auf 5.000 € im Jahr sinken.*

*Somit ergibt sich die folgende tabellarische Übersicht für das erste Jahr:*

| Gebäude | Denkmal | Nicht-Denkmal |
|---|---|---|
| Mieteinnahmen | 96.000 € | 120.000 € |
| Kosten | 10.000 € | 9.000 € |
| Gebäudeabschreibung | 13.000 € auf Gebäudewert + 24.300 € Herstellungskosten = 37.300 € | 39.250 € |
| Zu versteuerndes Einkommen | 48.700 € | 71.750 € |

*Um dies noch klarer auf den Punkt zu bringen: Das nicht-denkmal-geschützte Gebäude verzeichnet Kosten, die fast zwei Mal so hoch sind wie die Kosten für den Kauf des denkmalgeschützten Gebäudes und Mieteinnahmen, die lediglich 0,25 Mal so hoch sind. Dennoch – aufgrund der anzuwenden Abschreibungssätze (9 % im ersten Jahr bei der Denkmal-Afa und 2,5 % bei der Afa für Wohngebäude) – ist eine wesentlich geringere Summe von der Steuer beim nicht denkmalgeschützten Gebäude absetzbar. Dies führt dazu, dass am Ende beim Gebäude mit einer nur 24.000 € höheren Mieteinnahme sage und schreibe 23.050 € mehr versteuert werden müssen. Im Szenario mit dem nicht denkmalgeschützten Gebäude kann der Käufer froh sein, dass er keine großen Renovierungsmaßnahmen vornehmen musste, da diese sonst ebenfalls unter die Herstellungskosten gewandert und nur über 40 Jahre zu einem Abschreibungssatz von 2,5 % jährlich abschreibbar gewesen wären.*

### Beispielrechnung Nr. 2: Tanja G. vermietet eine Wohneinheit in einem Herrenhaus aus dem 18. Jahrhundert

*Tanja G. kauft eine Wohneinheit in einem Herrenhaus aus dem 18. Jahrhundert. Dieses ist denkmalgeschützt. Der Kaufpreis liegt bei 65.000 €. Sie muss 18.000 € in die Renovierung und Sanierung aufwenden, wobei 7.000 € staatlich unterstützt werden. Abzüglich des Anteils des Grundstückswerts in Höhe von 8.000 € vom Kaufpreis ergibt sich für die Wohnung ein Preis von 57.000 €. Diesem werden die 11.000 € Eigenaufwand aus Renovierung und Sanierung angerechnet, was 68.000 € an Anschaffungs- und Herstellungskosten ergibt. Der jährliche Aufwand für die Verwaltung beträgt 270 €, während die Versicherungskosten bei knapp 700 € pro Jahr liegen. Sie legt eine Miete in Höhe von 520 € monatlich fest. Das erste Jahr schlägt zunächst mit folgenden Einnahmen und Kosten zubuche:*

♦ *Einnahmen: 6.240 € jährlich durch Miete*

♦ *Ausgaben: 68.000 € an Anschaffungs- und Herstellungskosten, 270 € für die Verwaltung und 700 € für Versicherungen; also insgesamt 68.970 €*

*Erneut wird ein Vergleich zu einer nicht denkmalgeschützten Wohnung gezogen, die nach dem 31. Dezember 1924 errichtet wurde. Diese weist einen Kaufpreis von 75.000 € auf. Abzüglich der Kosten für das Grundstück ergeben sich – wie im Fall der denkmalgeschützten Wohnung – 68.000 € an Herstellungskosten. In diesem Fall sind keine Renovierung und Sanierung notwendig, weswegen es bei diesen Herstellungskosten bleibt. Verwaltung und Versicherungen sind mit derselben Kostenhöhe angesetzt. Auch die Miete fällt in derselben Höhe aus.*

*Für das erste Jahr ergibt sich im Falle beider Immobilien:*

| Gebäude | Denkmal | Nicht-Denkmal |
|---|---|---|
| Mieteinnahmen | 6.240 € | 6.240 € |
| Kosten | 970 € | 970 € |
| Gebäudeabschreibung | 1.425 € auf Gebäudewert + 990 € Herstellungskosten = 2.415 € | 1.700 € |
| Zu versteuerndes Einkommen | 2.855 € | 3.570 € |

# Fazit: Denkmalgeschütze Immobilien nur bei ausreichend Freiheiten und ohne Finanzierung

Eine denkmalgeschützte Immobilie kann sich als Kapitalanlage durchaus lohnen. Es ist realistisch, aufgrund der vielen Förderungen sogar nach Abzug der Renovierungs-, Sanierungs- und Modernisierungskosten ein Schnäppchen zu ergattern. Die staatlichen Förderungen sowie die Steuervorteile übersteigen die der nicht denkmalgeschützten Immobilien. Doch damit das Investment lohnend ausfällt und sich eine Vermietung realisieren lässt, ist angeraten, vor dem Kauf einer denkmalgeschützten Immobilie genaueste Informationen bezüglich der möglichen Förderungen und gestatteten Umbaumaßnahmen einzuholen. Ergeben sich genug Freiheiten, um das Vorhaben in die Tat umzusetzen, so lohnt sich eine Kapitalanlage in denkmalgeschützte Immobilien zur Vermietung. Erfahrungsgemäß sind die Kosten im Nachhinein schwer vorhersehbar und die Summen zur Finanzierung derart hoch, dass sich eine Investition nur mit genügend Eigenkapital rentiert. Von einer Finanzierung zum bloßen Kauf ist abzuraten, da die hohen Renovierungskosten und die Kosten für weitere Maßnahmen vor der Vermietung die Kalkulationen deutlich sprengen können. Folglich passiert es in der Regel, dass ausschließlich Investoren mit mehreren Millionen Euro Eigenkapital die Investition in Denkmal-Immobilien wagen.

# Messen- und Ferienunterkünfte

Ferienunterkünfte sind seit Zeiten der *Platform Economy* und der Etablierung von Airbnb ein weitgefasster Begriff. Neben Airbnb gibt es ebenso weitere Plattformen, bei denen sich Eigentümer von Immobilien, aber ebenso Mieter, die eine Erlaubnis zur Untervermietung der Räumlichkeiten haben, anmelden und ihre Räumlichkeiten als kurzfristige Unterkunft anbieten. Ob dies nun für Ferienzeiträume in den Alpen ist oder aber in einer Großstadt dauerhaft, wobei insbesondere in Zeiten von Messen hohe Erträge mit weit über 100 € pro Nacht möglich sind – die Vermietung über kurzfristige Zeiträume lockt mit einem hohen Ertrag pro Nacht, erfordert dafür jedoch weitaus mehr Aufwand. Im Folgenden werden die möglichen Modelle zur Vermietung, Plattformen für eine Vermarktung sowie steuerliche Besonderheiten erklärt.

## *Modelle der Vermietung*

Es gibt bei der Methode der kurzfristigen Vermietung als Messen- und Ferienunterkünfte zwei Modelle: Zum einen eine Vermietung mit partieller Eigennutzung des Gebäudes, zum anderen die Variante ohne Eigennutzung. Bei einer partiellen Eigennutzung des Gebäudes fällt der Aufwand in der Betreuung der Mieter geringer aus, während bei der Variante ohne Eigennutzung höhere Gewinnspannen möglich sind. Im Folgenden sind die beiden Modelle näher ausgeführt und es wird deren steuerliche Behandlung erklärt.

## Vermietung bei gleichzeitiger Eigennutzung

Ein Modell, welches sich zur Vermietung eignet und selbst Kontrolle über die Machenschaften der kurzfristigen Mieter verschafft, ist die Vermietung der Wohnung, während der Vermieter gleichzeitig darin wohnt. Sollte beispielsweise eine Wohnung mit vier Zimmern zur Eigennutzung gekauft und finanziert worden sein, man selbst aber nur zwei Zimmer benötigt, können die verbliebenen beiden Zimmer zur Miete freigegeben werden. Dies kann einerseits eine langfristige Miete, andererseits eine kurzfristige sein.

**Beispiel:** *Henrik H. wohnt in einer Vier-Zimmer-Wohnung und nutzt selbst nur ein Zimmer. Das Wohnzimmer ist ein Gemeinschaftszimmer, die anderen beiden Zimmer vermietet er an andere Personen. In Messezeiten nimmt er pro Zimmer 70 € ein, den Preis darf er sehr flexibel festlegen und muss sich nach keinen Mietpreisbremsen richten. Es steht ihm zudem frei, die Zimmer für bestimmte Zeiträume zu blocken, indem er sie einfach auf Plattformen für diese Zeiträume nicht anbietet. Er hat ebenso die Möglichkeit, die verbliebenen zwei Zimmer dauerhaft als WG-Zimmer zu vermieten. Das Problem hierbei wäre jedoch, dass die Vermietung dauerhaft ist und er ohne triftige Kündigungsgründe den Mietern den Vertrag nicht kündigen darf. Er muss sich an Fristen halten.*

Steuerlich gesehen ist eine dauerhafte Vermietung bei einer zum Teil vermieteten und zum Teil selbst genutzten Wohnung gleich zu betrachten wie die komplette Vermietung der Wohnung abzüglich der eigengenutzten Flächen.

**Beispiel:** *Henrik H. vermietet zwei Zimmer in seiner Wohnung dauerhaft an zwei andere Mieter. Das Wohnzimmer gilt als Gemeinschaftsfläche, ebenso wie die Küche und das Badezimmer. Möchte Henrik H. den Gebäudewert im Sinne der AfA abschreiben, dann muss er die Fläche von Wohnzimmer, Küche und Badezimmer durch drei teilen und die Fläche der beiden Zimmer hinzuzählen. Der Anteil in Eigennutzung ist steuerlich nicht abschreibbar, der Anteil der vermieteten Fläche – also 2/3 von Wohnzimmer, Küche und Badezimmer sowie die komplette Fläche der beiden gemieteten Zimmer – ist hingegen vom*

*Gebäudewert abschreibbar. Gleiches gilt für Renovierungs-, Sanierungs- und Modernisierungsmaßnahmen.*

Sollte hingegen eine kurzfristige Vermietung auf Zeit, zum Beispiel als Wohnung für Messen o. Ä., erwünscht sein, ergeben sich nur die steuerlichen Vorteile, die ein Gebäude zur Eigennutzung hat und die der Leser bereits aus dem ersten Buch der Reihe kennt. Das Gebäude darf nicht abgeschrieben werden. Die Mieteinnahmen sind als Einkommen aus Vermietung und Verpachtung anzugeben.

## Hinweis!

Eine solche Vermietung ist auch ohne Wohneigentum möglich, wenn man in einer gemieteten Wohnung wohnt und die Erlaubnis zur Untervermietung hat. Mittlerweile tun sich mehrere Mieter mit Freunden zusammen und vermieten ihre Wohnungen unter. Wird die Wohnung für eine Woche vermietet, dann zieht Freund A bei Freund B ein, bis die Wohnung wieder frei ist. Beide teilen sich die Einnahmen. So ist es sogar möglich, die eigene Miete zu finanzieren oder sogar einen Überschuss zu erwirtschaften.

## *Vermietung ohne Eigennutzung*

Bei einer Vermietung ohne Eigennutzung wird die Unterkunft auf Zeit offeriert und den Mietern allein überlassen. Dabei ist es möglich, sowohl die gesamte Unterkunft als auch Zimmer einzeln zu vermieten. Werden die Zimmer einzeln vermietet, ist die Gewinnspanne pro Nacht größer. Dafür jedoch ist es – insbesondere außerhalb des Stadtkerns – schwieriger, Mieter zu finden. Bei einer Vermietung der Wohnung als gesamte Unterkunft ist es einfacher, kurzfristige Bewohner zu finden, aber im Gegenzug sinkt die Gewinnspanne pro Nacht. Bei alledem bleibt ein Problem bestehen: Wohnt der Vermieter nicht ebenfalls in der Wohnung, muss er bei jeder neuen Buchung die Personen einweisen und nach deren Abzug Reinigung sowie Herrichtung für die nachfolgenden Mieter erledigen. Dies sorgt für einen verstärkten Aufwand und ist mit den Grundsätzen einer Kapitalanlage nicht wirklich vereinbar.

Einige Vermieter gehen noch den denkbar einfachsten Weg, dass sie den Check-in ermöglichen, indem sie die Schlüssel im Briefkasten hinterlassen. Wird also das Appartement gebucht, dann folgt eine Nachricht an die Mieter, dass die Schlüssel im Briefkasten liegen, und bis zum Check-out mitsamt Reinigung ist es nicht notwendig, sich um die Mieter signifikant zu kümmern. Werden die Zimmer einzeln vermietet, werden die Hauptschlüssel mit je einem Zimmerschlüssel zusammen im Briefkasten oder in einer separaten Schlüsselbox hinterlassen.

## *Plattformen zum Angebot*

Die populärste Plattform ist Airbnb[54]. Sie ist der Marktführer im Bereich der Plattformen für Unterkünfte und bietet somit eine hohe Reichweite bei Interessenten. Darüber hinaus vertrauen der Marke bereits viele Vermieter und Mieter. Der Vorteil des Vertrauens ist zugleich ein Nachteil: Die vorhandene Konkurrenz. Da allerdings erst dann Gebühren gezahlt werden, wenn eine Wohnung vermietet wurde, spricht nichts dagegen, die eigene Wohnung bzw. das eigene Haus auf mehreren Plattformen zu inserieren. Die Gebühr, die Gastgeber zahlen müssen, liegt in Deutschland – es sei denn, es werden strenge Stornierungsbedingungen auferlegt oder es wird Airbnb-Plus genutzt – bei drei Prozent. Diese drei Prozent Service-Gebühr für Airbnb werden auf den Übernachtungspreis, die Reinigungsgebühren und eventuell vom Vermieter selbst festgelegte Gebühren für zusätzliche Personen erhoben[55].

Neben Airbnb hat Ebay Kleinanzeigen[56] ein eher kleines Klientel. Da hier die Konkurrenz klein ist, lässt sich trotz einer geringen Anzahl an Interessenten meistens ein Abnehmer für Wohnungen in geringer Lage finden. Der Vorteil von Ebay Kleinanzeigen besteht darin, dass – sofern keine hervorgehobene und bewor-

---

[54] Vgl. https://www.airbnb.de/

[55] Vgl. https://www.airbnb.de/help/article/1857/was-ist-die-airbnbservicegeb%C3%BChr

[56] Vgl. https://www.ebay-kleinanzeigen.de/

bene Anzeige geschaltet wird – keine Gebühren anfallen. Geht ein Mietinteressent nämlich auf den Vermieter zu, so erfolgt der Austausch über die privaten Nachrichten, den Mail-Account oder telefonisch. Angesichts des privaten Austauschs ist jedoch Vorsicht bei der Bezahlung geboten: Diese sollte aus Sicht des Vermieters vor dem Bezug der Wohnung erfolgen. Ein separater und eigens entwickelter Vertrag, der parallel zur Bezahlung unterzeichnet wird, bringt beiden Parteien Sicherheit.

Eine weitere Plattform, die neben Unterkünften auch Hotels, Hostels und weitere Wohnstätten für bestimmte Zeiträume vermietet, ist Wimdu[57]. Wimdu als ursprüngliches deutsches Unternehmen gilt als einer der größten Konkurrenten von Airbnb. Auch wenn das Unternehmen in der Vergangenheit durch Irreführung auf sich aufmerksam machte, gilt es in der Auszahlung der Mieten an Vermieter als schnell und transparent. Eine Gebühr von drei Prozent auf die Mieterträge fällt an. Nach Überweisung durch den Gast werden innerhalb von 24 Stunden die Erträge an den Vermieter überwiesen.

Als letzte Plattform wird 9flats[58] vorgestellt. Auch hier wird die Mietsumme 24 Stunden nach der Überweisung durch den Gast ausgezahlt – abzüglich der Provision für das Portal. Die Provision ist von Beginn an transparent geregelt, ist allerdings mit 15 % allein durch den Gastgeber im Vergleich mit den anderen Plattformen außerordentlich hoch. Strenge Stornierungsbedingungen sorgen dafür, dass der Gast bei einer Buchung weniger Möglichkeiten hat, seiner Verpflichtung zum Bezug der Wohnung und zur Bezahlung aus dem Weg zu gehen. Alles in allem ist 9flats eine gute Ergänzung für Vermieter, die mit anderen Plattformen nicht zufrieden sind.

---

[57] Vgl. https://www.wimdu.de/
[58] Vgl. https://www.9flats.com/de

## Hinweis!

Wird die Wohnung auf mehreren Plattformen gleichzeitig vermietet, ist Vorsicht geboten: Sollte auf der einen Plattform die Wohnung gebucht werden und auf der anderen ebenso, dann muss die Wohnung auf einer der Plattformen storniert werden, was Gebühren nach sich ziehen kann oder schlimmstenfalls nicht möglich ist. Dementsprechend muss eine Wohnung, die für einen Zeitraum gebucht wurde, für denselben Zeitraum auf anderen Plattformen aus dem Angebot genommen werden.

## *Steuerliche Fallstricke*

Die Vermietung von Messe- und Ferienunterkünften könnte noch voller an steuerlichen Fallstricken kaum sein. Zunächst sei der einfachste Punkt angeführt: Die Umsatzsteuer.

### *Die Umsatzsteuer bei der Vermietung auf kurze Zeit*

Wird über Plattformen die Wohnung auf kurze Zeit vermietet, fällt ab einem jährlichen Umsatz von mehr als 17.500 € im aktuellen Jahr oder einem geschätzten Umsatz von 50.000 € fürs Folgejahr eine Umsatzsteuer – auch Mehrwertsteuer genannt – an. (vgl. § 19 UStG[59]) Im Falle einer Vermietung gilt nach § 12 UStG der ermäßigte Steuersatz in Höhe von 7 %[60]. Dieser trifft ebenso auf die Zusatzleistungen zu, die mit der Vermietung oder Beherbergung in Verbindung stehen: z. B. Stromanschluss, Überlassung von Bettwäsche, Handtüchern und Bademänteln, Reinigungsservice nach der Mietdauer u. Ä.

Wichtig für Personen, die bereits als Selbstständige tätig sind, ist die Tatsache, dass die Umsätze aus allen selbstständigen Tätigkeiten zusammengetragen werden. Sollten bereits 14.000 € aus einer freiberuflichen oder gewerblichen Tätigkeit eingenommen werden und die 5.000 € aus der Vermietung hinzukommen, so werden die Einkünfte zusammengerechnet und umsatzsteuerpflichtig; die

---

[59] Vgl. https://www.gesetze-im-internet.de/ustg_1980/__19.html
[60] Vgl. http://www.gesetze-im-internet.de/ustg_1980/__12.html

Vermietung mit sieben Prozent Umsatzsteuer und die anderen Einkünfte mit dem dafür angemessenen Steuersatz. Ausnahme bilden umsatzsteuerfreie Umsätze: Sind die 14.000 € aus beispielsweise einer Lehrtätigkeit, sind sie umsatzsteuerfrei und werden nicht mit den 5.000 € aus der Vermietung zusammengerechnet.

**Beispielrechnung Nr. 1: Thorsten L. arbeitet als freiberuflicher Dozent und vermietet Wohnung über Airbnb**

*Thorsten L. verdient als freiberuflicher Dozent 40.000 € im Jahr. Hinzu kommen Einkünfte aus der Vermietung in Höhe von 6.750 € im Jahr. Insgesamt sind es 46.750 € Jahresverdienst. Obwohl die Kleinunternehmergrenze von 17.500 € überschritten wird, muss Thorsten L. keine Mehrwertsteuer entrichten, denn die Tätigkeit als Dozent ist umsatzsteuerfrei.*

**Beispielrechnung Nr. 2: Lina F. betreibt ein Handwerksgewerbe und vermietet Teile Ihrer Wohnung über Airbnb**

*Lina F. erwirtschaftet mit ihrem Handwerksgewerbe einen jährlichen Umsatz in Höhe von 63.000 €. Zusätzlich verdient sie 9.000 € durch Vermietung über Airbnb. Insgesamt liegt sie bei jährlichen Umsätzen in Höhe von 72.000 €. Sie überschreitet die Kleinunternehmergrenze. Darüber hinaus sind beide Leistungen mehrwertsteuerpflichtig; das Handwerksgewerbe mit einem Mehrwertsteuersatz von 19 % und die Einkünfte aus der Vermietung mit sieben Prozent. Es ergibt sich für das Handwerksgewerbe eine Umsatzsteuerbelastung in Höhe von 63.000 € x 19 % = 63.000 € x 0,19 = 11.970 €. Bei der Vermietung fallen 9.000 € x 7 % = 9.000 € x 0,07 = 630 € an. Insgesamt muss Lina F. über die Mehrwertsteuer 12.600 € an den Fiskus entrichten.*

## Hinweis!

Die Umsatzsteuer wird auf den Netto-Umsatz hinzugerechnet. Personen, die für ihre Leistung ursprünglich einen bestimmten Beitrag nahmen, müssen nun nicht 19 % dieses Beitrags entrichten, sondern rechnen die Mehrwertsteuer zusätzlich hinzu. Sie ist also ein durchlaufender Posten und stellt keinen Verlust dar.

**Beispielrechnung Nr. 3: Wilhelm Z. betreibt einen privaten Antiquitätenhandel und vermietet eine Wohnung über Airbnb**

*Wilhelm Z. verdient durch den Handel antiquarischer Gemälde 10.800 € im Jahr. Ergänzt werden die Einkünfte um 7.000 € pro Jahr aus der Vermietung. Insgesamt kommt er auf 17.800 €. Bereits die 300 € Überschuss verpflichten ihn zur Umsatzsteuerzahlung. Da Gemälde wie die Vermietung unter den ermäßigten Mehrwertsteuersatz von sieben Prozent fallen, ergibt der gesamte Betrag durch eine Multiplikation mit sieben Prozent die zu entrichtende Umsatzsteuer: 17.800 € x 7 % = 17.800 € x 0,07 = 1.246 €.*

Welche Leistungen der Mehrwertsteuer unterliegen und welche nicht, lässt sich bei Google erfragen und anhand der Gesetzesvorschläge einsehen. Ansonsten verschafft eine Steuerberatung Aufklärung. Die Regelungen bezüglich der Mehrwertsteuer gelten nur für kurzfristig vermietete Wohnungen. Bei einer Vermietung als dauerhafter Wohnort, wie sie dieses Buch größtenteils thematisiert hat, entfällt die Mehrwertsteuer. Ausnahme bildet die Vermietung von Gewerbegebäuden.

## Bei Bewirtung gewerbliche Tätigkeit?

Die enge Linie zwischen gewerblicher Tätigkeit und Vermögensverwaltung – also reiner Vermietung – kann zu großen Problemen mit dem Finanzamt führen. Sollte die Vermietung der Messe- oder Ferienunterkunft als eine gewerbliche Tätigkeit angesehen werden, ist bis zu einem Gewinn von über 24.500 € im Jahr nach § 11 Absatz 1 Satz 3 GewStG[61] der Gewinn von der Gewerbesteuer befreit. Darüber fällt ein Gewerbesteuersatz an, der sich von Bundesland zu Bundesland unterscheidet und mit einem Hebesatz um ein mehr als Vierfaches angehoben wird. Pauschal lässt sich die Gewerbesteuer zwischen neun und zehn Prozent angeben. Wichtig: Sie wird auf den Gewinn, nicht auf den Umsatz entrichtet. Wurde somit die Umsatzsteuer auf den Umsatz entrichtet und eine Gewinn- und Verlustkostenrechnung (GuV) durchgeführt, steht der Gewinn fest.

---

[61] Vgl. https://www.gesetze-im-internet.de/gewstg/__11.html

Auf diesen wird die Gewerbesteuer gezahlt. Der Rest wird der persönlichen Einkommenssteuer unterworfen.

Doch wann liegt ein Gewerbe vor? Die Wirtschaftsförderung Kleve GmbH fasst dies in einer PDF-Datei wie folgt zusammen:

„Bei der Ferienhaus- oder Ferienwohnungsvermietung ist folgende Besonderheit zu beachten: der Bundesfinanzhof hat bei der Vermietung von bis zu drei Ferienwohnungen eine hotelmäßige Organisation und damit einen Gewerbebetrieb verneint. Demgegenüber hat der Bundesfinanzhof bei der Vermietung bereits einer Ferienwohnung eine gewerbliche Tätigkeit bejaht, wenn sämtliche der folgenden Voraussetzungen vorliegen:

- ◆ vollständige Einrichtung der Ferienwohnung, Lage in einer reinen Wohnanlage im Verbund mit anderen Ferienwohnungen und

- ◆ kurzfristige Vermietung an wechselnde Mieter, Verwaltung durch eine für die einheitliche Wohnanlage bestehende Feriendienstorganisation und

- ◆ hotelmäßige Rezeption mit ständig anwesendem Personal, das für einen reibungslosen Ablauf des Mietverhältnisses sorgt.

Quelle: Wirtschaftsförderung Kreis Kleve GmbH[62]

Es müssen somit Strukturen vorliegen, die Unternehmensorganisationen erfordern und vom alleinigen Haushalt des Vermieters nicht in die Tat umzusetzen sind. Sind die soeben genannten drei Punkte nicht eindeutig zu bejahen, wird – insbesondere bei der Vermietung eigener Wohnungen – keine Gewerbeanmeldung erforderlich sein. Somit ist den Gerüchten, bei einer Bewirtung sei direkt ein Gewerbe anzumelden, mit Vorsicht zu begegnen. Solange eine Bewirtung im Rahmen der Unterkunft nicht gegen ein zusätzliches Entgelt zur Verfügung gestellt und separat berechnet

---

[62]  Vgl. https://www.wfg-kreis-kleve.de/images/pdf/Ferienwohnungen/Leitfaden-Ferienwohnungsbetreiber.pdf

wird, liegt kein Gewerbe vor. Das Angebot darf sich allerdings in keinem Fall an die Öffentlichkeit, also Passanten oder nicht beherbergte Personen, wenden. Ist dies der Fall, dann ist sogar eine gaststättenrechtliche Anerkennung notwendig.

## Fazit: Hoher Aufwand, aber bei guter Lage lukrativ!

Die kurzfristige Vermietung in Form von Messe- und Ferienunterkünften sieht durch die ständigen und kurzfristigen Mieter einen hohen Aufwand für den Vermieter vor. Dies allerdings bedeutet keineswegs, dass eine Vermietung nicht lukrativ wäre. Unter Umständen erweist sie sich gar als weitaus ertragreicher als die Vermietung einer Wohnung. Höhere Erträge pro Übernachtung und die Möglichkeit, mehrere Zimmer an verschiedene Personen zu vermieten, bringen hohe Gewinnaussichten. Insbesondere in Städten, in denen häufig Messen stattfinden, ist über Plattformen wie Airbnb eine große Reichweite an Kunden zu erzielen. Sofern auf die rechtlichen Regelungen geachtet und gewerbliche Tätigkeiten gemieden werden, sind die Gewinne nur der Einkommenssteuer und die Umsätze bei einer Überschreitung der Kleinunternehmergrenze von 17.500 € im Jahr der ermäßigten Umsatzsteuer von 7 % zu unterwerfen. Aufgrund der häufigen Einweisung der Mieter kann hier nicht mehr von einer Kapitalanlage die Rede sein. Wer den Aufwand zugunsten eines höheren Ertrags auf sich nehmen möchte, findet in dieser Sonderform der Vermietung eine Möglichkeit, hohe Gewinne einzustreichen.

# Vermietung als Sonnendach

Die Dachvermietung war insbesondere in den zurückliegenden Jahren ein einträgliches Geschäft für die Vermieter: Eigentümer, die ein Dach hatten, aber die eigene Aufrüstung um eine Photovoltaikanlagen scheuten, konnten sich durch eine Vermietung des Dachs an Investoren oder Solaranlagenbetreiber ohne eigenen finanziellen Aufwand einen finanziellen Vorteil sichern. Es gibt bis heute verschiedene Modelle, um mit der Vermietung des Sonnendachs Geld zu verdienen[63]:

- ♦ Mietmodell: Das Dach wird zu einem festgelegten Mietzins vermietet, wobei von drei bis fünf Euro pro Quadratmeter auszugehen ist.

- ♦ Gewinnbeteiligung: 5 % Beteiligung an den Erträgen durch Solarenergie sind ein realistischer Wert.

- ♦ Einmalzahlung: Für den vereinbarten Mietzeitraum wird ein grober Betrag ermittelt, mit dem die Vermietung direkt zu Beginn vergütet wird.

- ♦ Sanierung umsonst: Im Zuge der Installation einer Photovoltaikanlage wird das Dach des Eigentümers kostenlos saniert.

- ♦ Strombezug: Durch den Bezug des Stroms aus der Anlage werden die Stromkosten gesenkt.

Was früher noch eine einträgliche Vermietung war, hat sich im Laufe der Zeit gewandelt. So ist aufgrund des mittlerweile geringen Kosten-/Nutzenverhältnisses bei kleinen Dächern erst dann die Vermietung des Sonnendachs angeraten, wenn die Dachfläche um die 600 Quadratmeter beträgt. Dies trifft auf die meisten Vermieter und deren Gebäude nicht zu. Bei Interesse lohnt sich eine Anfrage dennoch. Unter Umständen lassen sich Kompromisse schließen. Einnahmen durch die Vermietung des eigenen Dachs als Sonnendach werden als Einkünfte aus der Pacht angegeben.

## Vermietung als Drehort

Die Mieteinnahmen durch die Vermietung des Wohneigentums als Drehort werden als Entschädigung bezeichnet; Entschädigung dafür, dass die Immobilie für die Dreharbeiten genutzt wird. Potenzielle Erträge von bis zu einer Nettomonatsmiete pro Drehtag[64] lo-

---

[63] Vgl. https://www.energieheld.de/solaranlage/photovoltaik/ratgeber/dachvermietung

[64] Vgl. https://www.heimhelden.de/eigene-wohnung-als-filmlocation

cken für Wohnungseigentümer sowie Mietinteressenten mit hohen Einnahmen. Der Aufbau und Rückbau des Sets erfolgt durch das Produktionsunternehmen selbst. Insbesondere in Großstädten ist der Bedarf an Wohnungen groß. Es besteht die realistische Aussicht, dass die jeweilige Wohnung mehrmals gebucht wird. Dennoch ist die Vermietung als Drehort kein System, auf das für langfristige sowie konstante Einnahmen vertraut werden sollte. Mehrheitlich sind es nicht die Vermieter, die die eigene Immobilie als Drehort vermieten, sondern die Mieter selbst, die vom Vermieter eine Genehmigung hierfür erhalten. Dementsprechend entfällt das Modell der Drehortvermietung für Kapitalanleger mit langfristigem Anlagehorizont. Dennoch kann sich die Vermietung der eigenen Immobilie als Drehort in einem Punkt als sinnvoll erweisen: Ist die Wohnung zurzeit nicht vermietet und die Mietersuche dauert an, kann die Wohnung als Drehort-Location inseriert werden. Hierfür eignen sich die Plattformen LocationRobot[65], LocationHero[66] und ScoutForLocation[67], um nur einige zu nennen.

## Hinweis!

Für die Vermietung als Drehort ist es vorteilhaft, wenn die Wohnung eingerichtet ist. Dies kann angehenden Mietern ebenso willkommen sein und die Suche nach einem Mieter vereinfachen.

Eine tageweise Vermietung stellt einen Sonderfall dar, der steuerlich in der Regel als Einkunft unter der Vermietung und Verpachtung anzugeben ist. Es handelt sich in keinem Fall um eine gewerbliche Tätigkeit, da keine über die Vermietung hinausgehenden Leistungen erbracht werden.

---

[65] Vgl. https://www.locationrobot.de/
[66] Vgl. https://www.locationhero.de/de/
[67] Vgl. http://www.scoutforlocation.de/html/de

# Zusammenfassung: Denkmalgeschützte Immobilien als vielversprechendste Kapitalanlage!

Unter den Sonderformen der Vermietung ist die Vermietung denkmalgeschützter Immobilien als das aussichtsreichste und zugleich am wenigsten aufwendigste Investment einzustufen. Aufwendig ist es einzig und allein zu Beginn, da bei denkmalgeschützten Immobilien in der Regel ein hoher Sanierungs- und Renovierungsaufwand gegeben ist. Dieser wird seitens des Staates und der Behörden jedoch registriert und entsprechend mit Förderungen sowie Steuervorteilen honoriert. Vermieter denkmalgeschützter Immobilien profitieren insbesondere im Ablauf der ersten zwölf Jahre und haben durch die Abschreibung für Abnutzung in diesem Zeitraum deutliche Steuervorteile. Es darf zudem gemutmaßt werden, dass sich bei einer guten Lage einfacher Mieter finden lassen als bei nicht denkmalgeschützten Immobilien. Denn Immobilien unter Denkmalschutz locken des Öfteren mit einer attraktiven architektonischen Ausrichtung sowie dem besonderen kulturellen und historischen Stellenwert. Kehrseite denkmalgeschützter Immobilien ist die nahezu unmögliche Finanzierung über Banken für Kleinanleger, da die betroffenen Gebäude in der Regel hohe Kosten für Sanierung und Renovierung aufweisen und bei nicht ausreichender Eigenkapitaldeckung ein zu hohes Risiko für die Banken darstellen. Für Kleinanleger erweist sich die Vermietung von Messe- und Ferienunterkünften als lukrativeres Investment. Dieses ist mit Zustimmung des Vermieters auch als Mieter möglich. Stört man sich als Kapitalanleger nicht an dem Aufwand, den eine kurzfristige Vermietung samt Schlüsselübergabe, Reinigung und weiteren Nebenverpflichtungen mit sich bringt, bestehen bei der kurzfristigen Vermietung beste Aussichten auf einen hohen Ertrag. Denn es können höhere Preise pro Nacht verlangt werden als bei der Vermietung zu dauerhaften Wohnzwecken. Zuletzt seien die Vermietung des Dachs als Sonnendach und der Wohnung als Drehort erwähnt: Ersteres eignet sich zu heutigen Zeiten normalerweise nur bei Dächern mit einer Fläche von 600 Quadratmetern, letzteres ist keine langfristige Methode. Die Drehort-Vermietung ist – wenn überhaupt – nur für Übergangszeiten, in denen nach der Beendigung eines Mietverhältnisses kein neuer Mieter gefunden werden kann, geeignet.

# Schlusswort

Eine Immobilie zu kaufen und zu vermieten, ist ein aufregender Prozess, im Zuge dessen nicht nur eine hocheffiziente Altersvorsorge betrieben oder konstant Vermögen aufgebaut wird. Die Kapitalanlage in Immobilien bringt den Anleger mit Menschen zusammen, die neue Perspektiven eröffnen: Ob es die Bankangestellten sind, die den Schlüssel zum Kapital darstellen und künftig womöglich noch weitere Finanzierungen für Sie durchsetzen werden. Ob es die Makler und Mietinteressenten sind, durch die Vermieter das erste Mal mit der Praxis der Vermietung hautnah auf Tuchfühlung gehen. Oder ob es die Mieter sind, zu denen ein mehr oder weniger enges Verhältnis aufgebaut wird, welches sogar neue Freundschaften entstehen lassen kann.

Leser dieses Werks haben auf zahlreichen Seiten gesehen, dass ein Vermieter mehr als ein Kapitalist ist, wie es teilweise aufgrund der steigenden Mieten gesellschaftlich Kritik hagelt. Ein Vermieter ist Psychologe in der Auswahl der Mieter, Jurist im Ausfüllen seiner Steuererklärung und Entwickler im Austüfteln seines eigenen Immobilien-Sparplans. Aber allem voran ist der Vermieter eine Person, die in Zeiten der geschwächten und zunehmend schwächelnden Rentenversicherung und ungewissen Kapitalanlageformen den richtigen Weg einschlägt. Denn die Vermietung von Immobilien bereitet – je nach eigener Gestaltung – verhältnismäßig wenig Aufwand und liefert auf lange Sicht viel Ertrag. Wenig Arbeit bereitet die Immobilie dann, wenn sich der Vermieter in eine Wohnungseigentümergemeinschaft einkauft und in Form von Hausordnungen, Muster-Mietverträgen und Verwaltung bereits vorhandene Strukturen nutzen kann. Alternativ steht es jedem Vermieter frei, ein Haus zu kaufen und dieses zu vermieten oder im Wohngebäude selbst die Verwaltung zu übernehmen; je nachdem, wie die eigenen Pläne sind und welche Voraussetzungen die jeweilige Immobilie mit sich bringt, besteht zahlreicher Spielraum.

Der Immobilienkauf ist sowohl mit Eigenkapital als auch durch eine Finanzierung möglich. Auch lässt sich ein attraktiver Mittelweg wählen, der beide Varianten miteinander kombiniert. Jeder Anleger entscheidet mit Bedacht, sollte dabei aber stets Rücklagen für unvorhergesehene Kostenfaktoren, wie z. B. plötzlich erforderliche Sanierungen der Immobilie, einplanen.

Das Buch hat mehrere Rechenformeln sowie Gesetze mit auf den Weg gegeben, die eine zentrale Stütze dabei sind, die Kalkulation beim Kauf der Immobilie sowie die Steuererklärungen im Nachhinein – am Ende jedes Jahres – zu bewerkstelligen. Das letzte Kapitel gab Anreize zu Sonderformen der Vermietung, die je nach Anlegertyp und Anlegerstrategie interessant sein könnten. Nun sind die Leser als angehende Vermieter selbst am Zug – vermieten und profitieren oder selbst als Mieter im Hamsterrad verbleiben?

Vielen Dank noch einmal für den Erwerb dieses Buches. Als zusätzliches Dankeschön erhalten Sie von mir ein E-Book – als Bonus, und völlig kostenlos.

Sichern Sie sich jetzt den Immobilien Schnellreport!

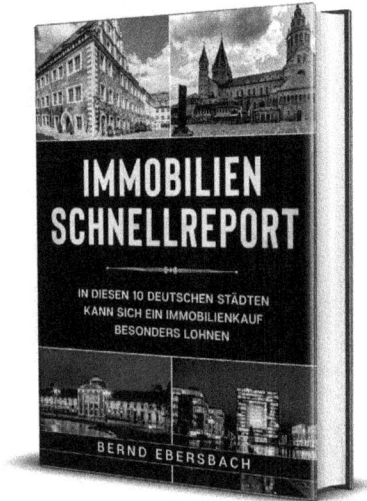

Dieser Report beinhaltet eine Übersicht über Top-Städte in Deutschland zur Kapitalanlage. Insgesamt werden zehn Städte vorgestellt, in denen Immobilien aktuell zu fairen Preisen erhältlich sind und eine potenziell große Entwicklung vor sich haben.

Sie können das Bonusheft folgendermaßen erhalten:

Um die geheime Download-Seite aufzurufen, öffnen Sie ein Browserfenster auf Ihrem Computer oder Smartphone und geben Sie Folgendes ein: *www.berndebersbach.com/bonus*

Sie werden dann automatisch auf die Download-Seite geleitet.

Bitte beachten Sie, dass dieses Bonusheft nur für eine begrenzte Zeit zum Download verfügbar ist.

# Quellenverzeichnis

**Literaturquellen:**

Hammer, T.: *Meine Immobilie finanzieren*. Düsseldorf: Verbraucherzentrale NRW, 2018.

Hebisch, B.: *Immobilien richtig besichtigen*. Taunusstein: Blottner Verlag GmbH, 2018.

Mannek, W.: *Profi-Handbuch Wertermittlung von Immobilien*. Regensburg: Walhalla u. Praetoria Verlag GmbH & Co. KG, 2016.

Pachowksy, R.: *Profi-Handbuch Wohnungs- und Hausverwaltung*. Regensburg: Walhalla u. Praetoria Verlag GmbH & Co. KG, 2017.

Siepe, W.: *Immobilien verwalten und vermieten*. Berlin: Stiftung Warentest, 2018.

**Online-Quellen:**

https://www.wohnungsboerse.net/immobilienpreise-Muenchen/2091

https://www.wohnungsboerse.net/mietspiegel-Dresden/7351

https://www.dresden.de/de/leben/stadtportrait/statistik/bevoelkerung-gebiet/bevoelkerungsprognose.php

https://www.wohnungsboerse.net/mietspiegel-Muenchen/2091

https://www.wohnungsboerse.net/mietspiegel-Dresden/7351

https://so-lebt-dresden.de/wohnen-und-leben-im-stadtteil-dresden-strehlen/

https://www.haufe.de/steuern/steuer-office-kanzlei-edition/fischerpahlkewachter-erbstg-12-bewertung-66412-abzug-der-bodenwertverzinsung_idesk_PI5592_HI2150137.html

https://dejure.org/gesetze/BewG/185.html

https://www.immobilienscout24.de/immobilienbewertung/lexikon/bodenrichtwert.html

https://www.verbraucherzentrale.de/wissen/energie/energetische-sanierung/energieeinsparverordnung-enev-13886

https://www.immoverkauf24.de/immobilienverkauf/immobilienverkauf-a-z/grunderwerbsteuer/

https://www.immoverkauf24.de/immobilienmakler/maklerprovision/#hausverkauf-check-3

https://aktuar.de/fachartikelaktuaraktuell/AA44_berufsunfaehigkeit.pdf

https://www.juraforum.de/gesetze/pangv/6-verbraucherdarlehen

https://www.rechnungswesen-verstehen.de/lexikon/effektiver-zinssatz.php

https://www.kfw.de/kfw.de.html

https://www.kfw.de/KfW-Konzern/Kontakt/

https://www.gesetze-im-internet.de/woeigg/__21.html

https://www.financescout24.de/wissen/ratgeber/mieter-vermieterrechtsschutz#vermieterrechtsschutz

https://www.gesetze-im-internet.de/gg/art_14.html

https://ratgeber.immowelt.de/a/mietausfallversicherung-kein-held-fuer-alle-faelle.html

https://www.gesetze-im-internet.de/wovermrg/__2.html

https://www.mietrecht.org/maklerprovision/vermietung-makler/

https://www.gesetze-im-internet.de/estg/__9.html

https://www.gesetze-im-internet.de/bgb/__558.html

https://www.gesetze-im-internet.de/bgb/__560.html

https://www.gesetze-im-internet.de/bgb/__555b.html

https://www.gesetze-im-internet.de/bgb/__559.html

https://weserreport.de/2016/08/bremen-bremen/panorama/bremen-gibt-sein-herrenhaus-niedersachsen/

https://www.gesetze-im-internet.de/estg/__7h.html

https://www.kfw.de/inlandsfoerderung/Privatpersonen/Bestandsimmobilien/Energetische-Sanierung/KfW-Effizienzhaus-Denkmal/

https://enev-online.com/enev_2014_volltext/24_ausnahmen.htm

https://www.airbnb.de/

https://www.airbnb.de/help/article/1857/was-ist-die-airbnbservicegeb%C3%BChr

https://www.ebay-kleinanzeigen.de/

https://www.wimdu.de/

https://www.9flats.com/de

https://www.gesetze-im-internet.de/ustg_1980/__19.html

http://www.gesetze-im-internet.de/ustg_1980/__12.html

https://www.gesetze-im-internet.de/gewstg/__11.html

https://www.wfg-kreis-kleve.de/images/pdf/Ferienwohnungen/Leitfaden-Ferienwohnungsbetreiber.pdf

https://www.energieheld.de/solaranlage/photovoltaik/ratgeber/dachvermietung

https://www.heimhelden.de/eigene-wohnung-als-filmlocation

https://www.locationrobot.de/

https://www.locationhero.de/de/

http://www.scoutforlocation.de/html/de

www.ingramcontent.com/pod-product-compliance
Lightning Source LLC
Chambersburg PA
CBHW071421210326
41597CB00020B/3595